AI,
질문이
직업이
되는 세상

AI, 질문이 직업이 되는 세상

펴낸날 2024년 3월 10일 1판 1쇄

지은이 최서연, 전상훈
펴낸이 김영선
편집주간 이교숙
교정교열 나지원, 정아영, 이라야, 남은영
경영지원 최은정
디자인 바이텍스트
마케팅 신용천

발행처 ㈜다빈치하우스-미디어숲
출판브랜드 미디어숲
주소 경기도 고양시 덕양구 청초로 66 덕은리버워크지산 B동 2007호~2009호
전화 (02) 323-7234
팩스 (02) 323-0253
홈페이지 www.mfbook.co.kr
출판등록번호 제 2-2767호
값 17,800원
ISBN 979-11-5874-215-7 (43300)

㈜다빈치하우스와 함께 새로운 문화를 선도할 참신한 원고를 기다립니다.
이메일 dhhard@naver.com (원고 투고)

최서연, 전상훈 지음

미래를 관통하는
청소년 액션
전략서

AI,
질문이
찍업이
되는 세상

AI 시대, 답이 아니라 질문이 핵심이다

미디어숲

미래는 결코 우리를 기다려주지 않는다

챗GPT 열풍이 불어온 지 어언 1년이 넘었다. 챗GPT는 우리 사회의 다양한 영역에서 경계를 파괴하고 있다. 저서 『챗GPT, 질문이 돈이 되는 세상』을 출간한 이후, 이를 체감한 여러 학교, 기업, 공공기관 등에서 강연 요청이 쇄도했다. 이들은 강연을 요청하면서 챗GPT로 인해 더해지는 미래의 불확실성에 대한 대처 방안과 생존 전략에 대한 방향성을 제시해 주기를 바랐다. 하루가 다르게 변화하는 대변혁기를 맞아 오늘은 통했던 방식이 내일은 통하지 않는 과거의 것이 되어 버리는 혼란 속에서 새로운 생존 전략을 제시하는 것은 결코 쉽지 않은 일이다. 그러나 테크 기반의 인공지능 AI 활용 능력을 쌓아야 한다는 점은 남녀노소, 연령, 직업군과 상관

없이 누구에게나 명확해졌다.

AI 시대에 자신의 능력을 펼칠 진로를 찾고 필요한 역량을 키우려면 어떻게 해야 할까? 이 문제는 부모도 교사도 아닌 당사자인 청소년들에게 가장 큰 고민거리다. 이 고민에 대해 우리 모두가 분명하게 아는 한 가지가 있다. 바로 지금까지의 교육 방식이 통하지 않는다는 것이다.

인공지능 대비 인간의 경쟁력을 높이기 위해서는 인문학적 소양을 북돋우는 교육을 강화하는 수밖에 없다. 인간만이 가진 영감과 불규칙한 사고 패턴에서 나오는 창의성을 키워야 한다. 뻔하지만 그것을 해야 한다. '나'라는 사람에 대해서 좀 더 면밀히 알아가야 한다. 인간만이 지니고 있는 불규칙한 패턴과 순간적인 영감만이 미래를 움직이게 하는 힘이다. 그것만이 인공지능 시대에 질문 천재가 될 수 있는 유일한 길이다. 인간이 가장 인간다울 때가, 인공지능이 갖지 못하는 능력 계발이 된다는 점을 깨닫는 것이 중요하다.

모든 것이 재설정되는 리부트 시대, 인공지능으로의 대전환이

코앞에 다가왔다. 여러분은 어떤 준비를 하고 있는가? AI 시대에는 우리의 예상을 항상 초월하는 미래의 특성을 현재의 거울로 보여줄 것이다. 챗GPT 3.5에 이은 챗GPT 4, 그 뒤를 잇는 챗GPT 5 아라키스^{Arrakis}는 AGI(인공일반지능)라는 슈퍼 AI가 왔음을 알린다. 그도 그럴 것이 2023년 11월 한국은행에서는 우리나라 취업자 중 약 341만 명이 인공지능 기술에 의해 대체될 수 있다고 발표했다. 거기엔 의사와 회계사, 변호사 등도 포함된다고 전망했다. 이는 전문직이라고 해서 고소득과 미래를 담보할 수 없다는 것을 의미한다. 이러한 변화를 곧 맞이하게 될 10대들이 두려워하기보다는 도전과 기회로 삼을 수 있기를 바라며 이 책을 썼다.

이 책 PART 1에서는 챗GPT와 같이 인공지능으로 달라질 세상을 그리면서 미래의 교육, 직업의 변화, 사회적 이슈 그리고 일상의 변화를 설명한다. PART 2에서는 가치 있는 자신을 만드는 방법, AI 시대에 요구되는 미래 역량, 가치 있는 지식, 파고드는 질문력을 키우는 법 등에 대해서, PART 3에서는 숨겨진 잠재력을 찾기 위한 사고와 행동의 변화를 언급하며 해야 할 것과 하지 말아야 할 것, AI 시대에 꿈을 이뤄갈 미래 액션 전략을 다룬다. 마지막 PART 4에서는 쉼(휴식)의 중요성과 꿈에 대한 재정의, 사색 노트 샘플을 제시하며 인간이 가장 인간다울 때 발휘되는 문해력 키우는 방법을 소개한다.

이외에도 청소년 맞춤형 챗GPT 활용법, 질문법과 주의 사항 그리고 나만의 챗GPT를 만들고 GPT스토어에 등록하는 방법, AI 시대에 변화하게 될 직업군 30선과 AI 시대에 문해력을 키우기 위한 도서 100선을 부록에 실었다.

AI 시대에는 인간이 담당하는 많은 부분을 인공지능이 대신하지만, 우리는 오히려 가장 인간다운 능력을 요구받고 있다. 인간에게 어려운 대규모 데이터 암기와 패턴 찾기 등은 인공지능에게는 수월한 일이다. 그러나 인공지능에게 어려운 엄마와 이모 등 사람 간의 관계 구별은 인간에게 쉬운 일이다. 안타까운 것은, 현재 청소년들은 인공지능이 잘하는 것을 더 잘하기 위해 노력한다는 사실이다. 인간이 잘하는 것을 더 잘하는 것, 그것이 곧 인공지능 시대를 살아갈 알파 세대 청소년들이 생존할 수 있는 유일한 전략이다.

공부Study가 인공지능이 잘하는 분야를 탐구하는 방식이라면, 배움 Learn은 인간이 잘하는 분야를 빌드업하는 방식이다. 청소년기에 몸에 익힌 배움 전략이 미래 사회의 일상에서 맞이할 인공지능과의 공생을 좌우하는 핵심 요소가 될 것이다.

우리는 끊임없이 변화하고 성장하는 존재다. 현재 추세를 이해하고 잠재적인 발전을 예측하며 변화에 담대해져야 한다. 이 책을 통해 청소년들이 지금까지의 익숙함에서 벗어나 낯선 것들을 직면할 준비를 하길 바란다. 정말 여러분은 지금의 부모 세대들이 살아왔던 시대와는 차원이 다른, 공상과학이나 웹소설에서나 볼 수 있었던 사회에서 살아가게 될 것이다. 인공지능이 바꾸는 미래를 준비할 골든타임이 얼마 남지 않았다. 기존 교육 시스템과 공부라는 굴레에서 벗어나 인공지능 활용 능력을 기를 수 있는 평생 배움, 변화에 대한 선제적 접근 방식을 받아들이면서 미래 환경에서 살아남을 수 있는 퍼스널 브랜딩 핵심 전략을 수립하는 데 도움이 되기를 기대한다.

저자 최서연, 전상훈
광화문 사무실에서

차례

PART 1

앞으로 맞이할 AI 세상

1장 생성형 AI가 몰고 올 미래

2장 미래의 삶 - AI가 바꾸는 우리의 일상

가치 있는 슈퍼 개인이 돼라

PART 4

인간의 가치를 높여라

1장 AI에게 패하지 않을 인간의 능력

2장 특별한 나를 만드는 사색의 힘

3장 비판적 사고를 키우는 토론의 힘

4장 불규칙한 패턴을 찾는 휴식의 힘

앞으로
맞이할
AI 세상

오픈AI^{OpenAI}에서 개발한 생성형 AI^{Generative AI} 챗GPT 3.5¹⁾가 세상에 첫선을 보인 후 우리 사회는 엄청난 변화를 겪고 있다. 특히 오픈AI의 챗GPT는 생성형 인공지능의 선두 주자로 비즈니스 생태계를 뒤엎으며 위협을 가하고 있다. 그도 그럴 것이 구글 바드^{Bard}, 메타 라마^{Llama}, 네이버 클로바 X^{Clova X} 등 한국을 비롯하여 글로벌 빅테크 IT 기업에서 생성형 AI를 내놓고 있지만, 오픈AI의 폭주를 따라잡지 못하고 있다.

그러나 이에 대한 반격은 계속 일어나고 있다. 구글은 지난해 12월 7일, 제미나이^{Gemini}를 출시하면서 챗GPT 4를 능가하여 생성형 AI 생태계를 바꿀 것이라고 선언했다. 페이스북의 모기업인 메타^{Meta}는 오픈 AI와 구글에 대항하며 IBM을 비롯해 50개 이상 AI 기업과 'AI 동맹^{Alliance}'을 결성했는데 구글이나 오픈AI와 달리 LLM을 오픈 소스로 제공해 다수의 개발자를 자신의 생태계로 끌어들이는 것을 목표로 삼았다.

메타가 주도하는 'AI 동맹'에 인텔, AMD, 오라클 등 IT기업은 물론 예일대, 코넬대 등 대학 및 항공우주국^{NASA}, 국립과학재단^{NSF} 등 미국 정부기관도 참여하고 있다. 후발주자지만 일론 머스크의 인공지능 기업인 X.AI에서는 '그록^{Grok}'이라는 유머를 가진 생성형 AI로 차별화를 시도하는 등 그야말로 AI의 전성시대를 맞이하고 있다.

인공지능이 일상생활 곳곳에 들어오기 시작한 지금, 인공지능의 역사에서부터 어떻게 진화하고 있는지, 우리 사회에 어떤 영향을 미칠지 차근차근 알아보자.

---

1) **챗GPT 3.5**: 'Generative Pre-trained Transformer'의 약어로. 'Generative'는 답변을 생성하고, 'Pre-trained'는 사전에 학습된, 'Transformer'는 인공 신경망 모델 중 하나로 자연어 처리 분야에서 주로 사용되는 모델을 말한다.

1장

생성형 AI가
몰고 올 미래

인공지능, 딥러닝으로 도약하다

인공지능의 역사는 약 70여 년 전으로 거슬러 올라간다. 1950년 수학자이자 컴퓨터 과학자였던 앨런 튜링Alan Turing이 던진 "기계가 지능을 가질 수 있을까?"라는 질문에서 시작되었다. 그는 논문 「컴퓨터 기계와 지능Computing Machinery and Intelligence」에서 인공지능의 개념적 토대를 마련했다. 이어서 컴퓨터 과학의 기초를 형성하고 인공지능 연구의 방향을 제시했다.

1956년 존 매카시John McCarthy는 다트머스 콘퍼런스에서 '인공지능'이라는 용어를 처음으로 제시했다. 인공지능의 초기 단계에서는 주로 기호 처리Symbol Processing에 중점을 두었는데, 이는 인간의 추론 과정을 기계적으로 모방하려는 시도였다. 초기의 인공지능 프로그램들은 체스와 같은 전략 게임에서 인간과 경쟁할 수 있는 능력을 갖추었고, 이는 당시에 상당한 성과로 여겨졌다. 이 시기에 개발된 엘리자ELIZA 같은 인공지능 대화 프로그램은 사람과의 대화를 시도했다. 비록 단순한 패턴 매칭에 불과했지만, 기계와 인간의 상호작용이 가능하다는 것을 보여주었다. 그러나 인간의 다양한 데이터를 학습할 수 없고 이를 해결할 방법을 찾지 못해 1970년대 첫 번째 빙하기를 맞이하게 된다.

1980년대 접어들어 '기계학습'이라는 알고리즘을 통해 인공지능 분야가 급격한 변화의 물결에 올라탄다. 이것이 머신러닝Machine Learning이다. 머신러닝은 데이터를 기계가 스스로 학습하여 규칙을 발견하는 기술이다. 즉, 인간이 직접 논리와 규칙을 입력하는 과정을 거치지 않고 컴퓨터가 스스로 데이터를 분석하여 패턴과 관계를 파악할 수 있게 되었다. 예를 들어, 다양한 형태의 개와 고양이 사진 데이터를 넣어 주면 스스로 학습해 개와 고양이의 특징과 패턴을 찾아내 구분하는 것이다.

1990년대에 이르러 머신러닝은 단순한 규칙 기반의 작업을 넘어서서 이미지 인식, 자연어 번역, 추천 시스템과 같은 복잡한 문제 해결이 필요한 분야의 기초 개념을 정립한다. 하지만 구조가 복잡해질수록 당시 하드웨어(반도체 등)의 성능 부족과 인공지능의 주식主食이라 할 수 있는 빅데이터가 정립되기 전이라 큰 성과를 거두지 못하고 인공지능 시대의 두 번째 빙하기를 겪게 된다.

21세기에 접어들며 AI 연구는 큰 전환점을 맞이한다. 딥러닝의 아버지라 불리는 제프리 힌턴Geoffrey Hinton 교수가 개발한 딥러닝 Deep Learning때문이다. 딥러닝은 머신러닝의 한 분야로, 인공 신경망Artificial Neural Networks, ANN을 기반으로 한 알고리즘을 의미한다. 인공 신경망은 인간 뇌의 '뉴런'이라는 신경세포가 전기 자극 정보를 다른 뉴런에서 받아 또다른 뉴런으로 전달하는 시스템을 모방하여 설계되었으며, 기존보다 더욱 복잡한 데이터 구조에도 강력한 학습 능력을 보여 주어 '딥러닝'이라고 부르게 되었다.

2000년대 IT 붐 이후 컴퓨터의 발전과 데이터, 즉 빅데이터Big Data 시대로의 돌입도 인공지능 개발에 박차를 가한 이유다. 수많은 사람들이 다양한 SNS 플랫폼에서 활동한 덕분에 양질의 데이터를 확보하는 것이 용이해졌고, 문자나 사진, 영상 등 여러 형태의 데이터를 수집할 수 있게 되었다. 또한 클라우드의 발달로 빅데이터의 저장이 쉬워졌다. 이는 복잡한 연산을 빠르게 처리할 수 있는 반도체GPU 등 하드웨어의 발전으로 가능해졌다. 딥러닝과 함께 하드웨어와 소프트웨어 등 첨단 기술이 총 집약적으로 함께 발전하면서 이룰 수 있었던 결과이다.

2016년 인공지능 역사의 티핑 포인트라고 해도 과언이 아닌 사건이 일어났다. 구글의 알파고와 이세돌 9단의 바둑 경기다. 알파고가 5번의 대국 중 4번을 이세돌 9단을 이김으로써 딥러닝의 시대와 함께 인공지능의 위력을 전 세계에 알렸다. 그 후 딥러닝은 자연어 처리, 음성 인식 등 다양한 분야에서 기존 기술을 뛰어넘는 성과를 보여 주는 가운데 자율주행 자동차, 의료 진단 등 다각도에서 인공지능 기술이 적용되고 있으며, 현재는 챗GPT와 같은 자연어 처리 모델 등의 생성형 AI로 전 세계를 흔들고 있다.

<인공지능의 발전사>

구분	내용
초기 연구 **(1940년대** **~1960년대)**	- 딥러닝의 뿌리는 1943년 워런 맥컬록(Warren McCulloch)과 월터 피츠(Walter Pitts)가 제안한 뉴런 모델로 거슬러 올라간다. 이 이론은 뇌의 뉴런이 어떻게 신호를 처리하고 전달하는지를 수학적으로 모델링한 것이다. - 1958년에는 코넬항공연구소의 프랭크 로젠블랫(Frank Rosenblatt)이 퍼셉트론(Perceptron)을 개발했다. 이것은 초기 인공 신경망의 형태로 볼 수 있다. 그러나 복잡한 데이터를 학습하는 데 한계가 존재했다.
초기 발전 **(1970년대** **~1990년대)**	- 1970년대에는 역전파 알고리즘(목표값과 결과값의 오차를 역으로 계산) 개발되어 신경망의 학습에 혁명을 가져왔지만, 당시 컴퓨터 처리 능력의 한계로 크게 주목받지 못해 침체기가 지속된다. - 1980~1990년대에는 제프리 힌턴, 얀 르쿤(Yann LeCun)과 같은 연구자들이 학습 특징과 다층 구조에 대한 연구를 진행하며 딥러닝의 기초를 다졌다.

AI, 질문이 직업이 되는 세상

신경망의 재발견 (2000년대)	- 2000년대에 들어서며 컴퓨터의 계산 능력이 크게 향상되고, 인터넷 발전으로 대량의 데이터 생성 및 저장이 가능해지면서, 딥러닝 연구가 본격적으로 점화되었다. 특히 2006년 제프리 힌턴은 심층 신뢰 신경망(Deep Belief Network, DBN)을 사용한 신경망의 사전 학습 방법을 소개했다. 이것이 그가 현재 딥러닝의 아버지로 불리는 계기가 되었다.
현대 딥러닝의 부상 (2010년대 ~2022)	- 2012년 제프리 힌턴 교수 제자인 알렉스 크리제브스키(Alex Krizhevsky)가 설계한 '알렉스넷(AlexNet)'이 이미지 인식 대회인 ImageNet에서 우승하며 딥러닝의 가능성을 전 세계에 알렸다. 실용성 문제로 외면받았던 딥러닝 기술을 성공적으로 알리는 계기가 되었고, 지금의 생성형 AI 시대를 열게 한 중요한 사건이었다.
생성형 AI (2023~현재)	- 2017년 발표한 구글의 트랜스포머(Trasformer)라는 모델은 대규모 자연어 처리 모델(LLM) 발전에 기여한다. 구글은 2023년 5월 생성형 AI 바드를 출시하고 12월 제미나이를 발표했다. - 오픈AI는 챗GPT 3.5 출시후, 9월에 이미지와 음성까지 학습한 LMM모델의 GPT 4V에 이어 GPT 4터보를 출시했으며, 2024년엔 챗GPT 5 아라키스(Arrakis) 출시를 계획하고 있다.

보고 듣고 말하는 AI의 탄생

이제 생성형 AI인 챗GPT에 대해 좀 더 집중해서 이야기해 보자. 챗GPT를 만든 오픈AI는 테슬라, 스페이스X의 CEO인 일론 머스크와 Y콤비네이터의 전 CEO인 샘 올트먼 등이 2015년에 공동 설립한 비영리법인 인공지능연구소이다. 오픈AI는 챗GPT를 통해 인공지능의 위력을 전 세계 유저들에게 직접 체험할 수 있게 했다. 출시 후 단 2개월 만에 실제 사용 가입자가 1억 명을 넘어서는 기염을 토했다. 사용자 1억 명을 돌파하기까지 틱톡은 9개월, 인스타그램은 2년 정도 걸린 것과 비교하면 가히 혁명적인 속도였다.

챗GPT는 대규모 언어 모델Large Language Model, LLM로 방대한 텍스트 데이터 기반의 데이터를 학습한 AI 모델이다. 즉, 책과 논문, 뉴스, 신문, 잡지 등 전문적으로 쓰인 텍스트뿐만 아니라 블로그와 인스타그램 등에 일반인이 올린 글 등을 모두 학습했다고 이해하면 쉽다. 현재 무료 버전인 챗GPT 3.5는 1,750억 개의 파라미터, 즉 매개변수(AI가 사용자 의도를 이해하는 데 필요한 데이터)로 학습하여 필요한 정보를 찾고 요약할 수 있으며, 자연어 처리 기술Natural Language Processing, NLP을 접목해 사람의 언어를 이해하고 새로운 답변을 생성해 대화하는 데 탁월하다. 자연어란 사람이 쓰는 말이나 글을 의미한다. 자연어로 된 텍스트 데이터를 학습한 인공지능이다 보니 사람처럼 대화할 수 있다.

<챗GPT 발전사>

개발 단계	도입 시기	성능	특성
GPT 1	2018	1억 1,700만 개의 매개변수	단순한 언어 모델링, 문장 의미 유사도 판단 및 분류
GPT 2	2019	15억 개의 매개변수	단순 챗봇, 가상 비서, 자동 번역
GPT 3	2020	1,750억 개의 매개변수	간단한 코딩, 고객 서비스, 콘텐츠 제작, 챗봇, 가상 비서
GPT 3.5	2022	1,750억 개의 매개변수 (2021년 9월까지 데이터 학습)	답변 정확도와 안정성의 향상 및 코딩 응용 분야 확대(군집 드론, 자동차 운용 앱 코딩도 가능)

AI, 질문이 직업이 되는 세상

GPT 4	2023.3.	1조 개의 매개변수 (2023년 4월까지 데이터 학습)	언어 능력 향상, 정확성 및 추론 향상, 이미지 추론 가능, 고급 언어 생성 및 이해 기능
GPT 4V **GPT 4 터보**	2023.9 2023.11	공개 안 함(최소 2조 개의 매개변수 이상일 것으로 추정)	대규모 언어 모델(LLM)을 뛰어넘은 본격적인 대규모 멀티모달 모델 (LMM), 더욱 정교한 이미지 추론, 한글 등 외국어 추론, 음성 대화, 코딩 몰라도 GPT 생성 가능한 GPT 빌더
GPT 5	2024년 상반기 예상	공개 안 함(125조 개의 매개변수 추정)	실질적인 인공일반지능 (AGI)[2] 모델로 추정, 비디오 입출력이 가능한 멀티모달(LMM), 할루시네이션(환각현상)문제 해결, 막대한 서버 비용 문제 개선

챗GPT 4부터는 유료 서비스로 월 22달러 비용이 발생한다. 무료 서비스인 챗GPT 3.5와 비교해 더 정확하고 빠른 서비스를 제공한다고 한다. 지난 2023년 9월 25일 GPT 4V를 출시하며 텍스트 기반만이 아닌, 다중 모달Multi-Modal 모델[3]로 AI 생태계의 패러다임을 강화했다. 이제 단순히 텍스트와 숫자 데이터에만 국한되지 않는다. 시각과 청각 정보 처리 능력 향상으로 굳이 타이핑하지

---

[2] AGI(Artificial General Intelligence); 당시 노스캐롤라이나 대학교 교수였던 마크 구브루드 (Mark Gubrud)가 1997년 처음 사용했다. 여기서 말하는 AGI는 인공일반지능을 뜻하는 말로, 인간의 지능 수준과 유사한 다양한 문제를 해결할 수 있다. 구브루드가 AGI에 대해 언급한 것은 AI의 미래와 사회에 미치는 잠재적 영향, 특히 군사 분야에 대한 논의를 위한 것으로 알려져 있다.

않아도 사용자들이 AI와 음성과 이미지로 편리하게 대화하며 복잡한 질문을 해결할 수 있게 되었다. 이는 더 쉽고 다양한 방법으로 AI를 사용할 수 있도록 하여 인간과 AI의 상호작용 면에서 큰 발전이라 볼 수 있다. (현재, 음성 대화는 챗GPT 3.5 무료버전에서도 가능하며 스마트폰에서만 가능하다).

챗GPT 4V에게 위 사진을 보여주며 요리 방법을 알려 달라고 하자 아래와 같이 답변했다.

이는 한국 제품의 패키지로 보입니다. 즉석면이나 유사한 식

Please tell me how to cook this?

It appears to be a package of a Korean product, likely a type of instant noodle or similar food item. The large character on the package is "라면" which means "ramyeon" (Korean instant noodles). While I can't see the full cooking instructions from the image, here's a general guideline for preparing many types of Korean ramyeon:

1. **Boil Water:** In a pot, boil an appropriate amount of water. The specific amount is usually mentioned on the packaging, but if it's not available, around 500-600 ml is common for most ramyeon.
2. **Add Noodles:** Once the water is boiling, add the noodles to the pot.
3. **Cooking Time:** Allow the noodles to cook for the time typically recommended on the packaging, often around 3-5 minutes. Stir occasionally to prevent the noodles from sticking.
4. **Add Seasoning:** During or after cooking the noodles, add any included seasoning packets or sauces. Mix well to ensure the seasoning is evenly distributed.
5. **Serve:** Transfer the cooked noodles and broth (if it's a soup-type ramyeon) to a bowl. If desired you can add additional toppings such as vegetables, eggs, or meat.

For the best results, always check the specific instructions on the packaging. If there are specific Korean instructions on the back or side of the package, you can provide a photo of those, and I can help translate or guide you further.

챗GPT에게 라면 이미지의 설명을 요청한 결과

---

3) **다중 모달(Multi-Modal) 모델:** 텍스트 외에 이미지와 오디오 같은 다양한 방식을 사용하는 AI를 말한다. GPT 3.5가 텍스트에 기반해서 이용자와 질문과 답변을 주고받았다면 LMM(Large Multi-Modal Model)을 적용한 GPT 4V는 텍스트뿐만 아니라 이미지와 음성까지도 이용할 수 있다.

AI, 질문이 직업이 되는 세상

품으로 추정됩니다. 패키지의 큰 문자는 '라면(한국 인스턴트 라면)'을 의미하는 '라면'입니다. 이미지에서 전체 요리 지침을 볼 수는 없지만 다양한 종류의 한국 라면을 준비하기 위한 일반적인 지침은 다음과 같습니다.

물 끓이기: 냄비에 적당량의 물을 끓입니다. 구체적인 양은 일반적으로 포장에 명시되어 있지만, 알 수 없는 경우 대부분의 라면에는 500~600㎖ 정도가 일반적입니다.

국수 추가: 물이 끓으면 냄비에 국수를 넣습니다.

조리 시간: 포장에 일반적으로 권장되는 시간(종종 약 3~5분) 동안 국수를 조리합니다. 면이 달라붙지 않도록 가끔씩 저어주세요.

양념 추가: 국수를 조리하는 동안이나 조리 후에 포함된 양념 패킷이나 소스를 추가하세요. 양념이 고르게 섞이도록 잘 섞어 주세요.

서빙: 익힌 면과 국물(국물라면인 경우)을 그릇에 담습니다. 원하는 경우 야채, 계란, 고기 등의 추가 토핑을 추가할 수 있습니다.

최상의 결과를 얻으려면 항상 포장에 적힌 구체적인 지침을 확인하세요. 패키지 뒷면이나 측면에 구체적인 한국어 지침이 있는 경우 해당 사진을 제공해 주시면 번역하거나 추가 안내를 도와드릴 수 있습니다.

GPT 4V는 '눈, 귀, 입'을 제공함으로써 인공일반지능AGI을 향한 중요한 발걸음을 내딛고 있다. 앞에서 AGI는 인간의 지능과 동등하거나 그 이상의 지능을 가진다고 했다. 즉, 우리가 일상생활에서 사용하는 지니와 빅스비 같은 특정 분야에 능력을 가진 AI와는 달리, AGI는 특정 분야에 국한되지 않고 인간처럼 다양한 분야에서 그 능력을 발휘할 수 있다. 이렇게 우리의 일상생활에 도입되는 시대를 싱귤래리티Sigularaty(특이점)[4]라고 부른다.

오픈AI는 지난 2023년 11월 6일, 성능이 더 향상된 GPT 4 터보 버전을 출시하며 다양한 GPT 서비스를 내놓았다. 코딩을 전혀 몰라도 누구나 쉽게 챗GPT를 커스터마이제이션할 수 있는 서비스인 GPT 빌더GPT Builder를 공개했다. 코딩을 몰라도 챗GPT를 만드는 세상, 정말 세상이 뒤집힐 일이다. 오픈AI 데브데이DevDay(개

---

[4] **싱귤래리티(Sigularaty):** 기술 발전이 예측 불가능한 수준에 이르러 인간의 삶을 근본적으로 변화시키는 이론적 시점을 의미한다. 이 개념은 미래학자이자 발명가인 레이 커즈와일이 대중화했다. 그는 자신의 저서 『특이점이 온다』에서 인간 지능을 능가하는 AGI의 출현이 인류의 역사를 획기적으로 바꿀 것이라고 예측했다.

발자 회의)에서 오픈AI CEO 샘 올트먼은 스타트업에 조언해 주는 GPT를 만들고 자신의 강연 텍스트 파일을 여기에 업로드했다. 이후 스타트업에서 인재를 채용할 때 중요하게 생각해야 할 3가지를 알려 달라고 질문하자 강연 텍스트 파일에 근거해 답을 도출했다. 이는 챗GPT를 개인에게 최적화시켜 만들 수 있다는 것을 의미했다.

여기서 더 나아가 거래까지 가능한 마켓 플레이스 'GPT 스토어'를 2024년 1월에 공식적으로 론칭해 거래할 수 있게 했다. 이것은 애플이 운영했던 '앱스토어'처럼 '인공지능 스토어'를 운영하는 것과 같다. 스마트폰에서 원하는 앱을 쉽게 다운받아 쓸 수 있도록 편의성을 제공하고 기업은 비즈니스화하여 수익을 창출하는 것과 같이 GPT 스토어에서 기업과 사용자가 상생하는 구조를 선점하겠다는 것이다. 팔고자 하는 사람과 사고자 하는 고객을 서로 만나게 해 주는 시장처럼, GPT 서비스를 개발한 기업과 사용하고자 하는 개인을 서로 만나게 해 주며 부가가치를 창출해 나가겠다는 것이다. 개발 전문가를 가진 기업만이 아니라, 챗GPT 유료 버전 사용자라면, GPT 빌더를 통해 GPTs(맞춤 GPT 모음)를 만들고 GPT 스토어에 등록해 공개할 수 있다. 나만의 특화된 챗GPT 만드는 방법은 부록에서 참고하기 바란다.

오픈AI가 내놓은 챗GPT의 발전 속도는 놀랍다. 2024년 상반기에는 더 강력한 추론 능력이 업그레이드된 '챗GPT 5 아라키스'를 출시할 것으로 예상하는데 이것은 또 얼마나 우리의 일상을 바꾸어 놓을지 감히 예상하기 어렵다. 스위스 다보스에서 개최된 2024 1월 세계경제포럼World Economy Forum, WEF에서 오픈 AI의 CEO인 샘 올트먼이 '인간은 더 나은 도구를 갖게 될 것'이라며 챗GPT 5 아라키스에 대한 기대감을 고조시켰다. 컴퓨터 과학자 레이 커즈와일은 싱귤래리티는 기술적으로 가능한 가장 높은 지능 형태의 등장을 의미하며, 이는 인간이 현재 이해하고 경험하는 모든 것을 초월하는 변화를 가져올 것이라고 했다. 그는 그 시점이 대략 2040년대일 거라 예상했지만, 아마도 더 빠르지 않을까. 그보다 15년 앞선 2024년 챗GPT 5 아라키스를 통해 AGI 초기 버전을 경험하게 될지도 모른다.

AGI, 인간을 뛰어넘다

AGI가 인간과 동등하거나 이를 능가하는 지능을 갖게 되면 무한한 학습 능력, 문제 해결 능력, 추론력을 바탕으로 인간 직업의 많은 부분을 대체할 수 있으며, 과학, 의학, 공학 등 모든 분야에서 혁신을 가속화할 수 있다.

이러한 인공지능의 발전은 인간의 지식 확장을 무한대로 이끌어 결국에는 인간이 이해할 수 없는 수준의 인공지능이 나타나리라는 것이 레이 커즈와일의 주장이고, 이제 그것이 현실화되고 있다. 일자리의 대대적 변화, 인간의 역할 재정립, 그리고 기계와 인간 간의 상호작용 방식의 변화 등이 예상된다. AGI는 인간의 삶에 유익할 수도, 그렇지 않을 수도 있는 양날의 검이다. 인류가 AI의 윤리적·철학적 지침을 서둘러 설정해야 하는 이유다.

결국 챗GPT 4와 챗GPT 5 아라키스는 본격적으로 인간성을 재정의하고, 우리가 인간으로서 가진 독특한 경험과 가치를 보존하는 방법에 대해 깊은 성찰을 요구한다.

2023년 11월 17일 챗GPT를 개발한 오픈AI의 CEO인 샘 올트먼이 이사회에 의해 해임되었다가 5일 만에 복귀하는 사건이 발생했다. 이 사건은 인공지능의 잠재력을 상업화하는 데 주력하는 샘 올트먼과 이것을 통제할 수 있는 기술 개발이 우선되어야 한다는 제프리 힌턴 교수의 제자인 일리야 수츠케버와의 인식 차에서 비롯되었다. 이 일을 계기로 오픈AI가 이미 AGI를 개발한 것이 아니냐는 소문이 무성한 가운데 샘 올트먼은 챗GPT 3.5 무료 버전에 음성 대화 서비스 무료화를 발표하며 오픈 AI에 복귀했다.

2024년 1월 18일 세계 최초의 AI 스마트폰인 삼성 갤럭시 S24가 미국에서 공개되었다(언팩). 내장된 AI는 '온디바이스 AI(스마트폰, 태블릿 PC안에 AI 반도체를 탑재하여 외부 클라우드의 도움 없이(인터넷 연결 필요없음) 생성 AI를 사용할 수 있는 기술을 의미한다)'로 13개국 언어 및 문자 통역이 가능하다. 또한 웹 서핑, SNS 등을 사용 중일 때 어느 화면에서나 동그라미만 그리면 쉽고 빠르게 정보 검색이 가능한 서클투서치Circle to Search 기능이 탑재되었다. 이는 일상 속에 침투한 AI를 보여주는 대표적 사례이다.

인공지능의 발전 속도가 위협적으로 보일 수도 있다. 하지만 이 현상을 우리 일상에 자연스럽게 스며드는 인공지능의 진전으로 보는 것이 바람직하다. 인공지능이 전문가들의 영역을 벗어나 이미 일상의 여러 측면에 영향을 미치고 있다.

"인공지능은 무엇을 할 수 있을까?"라는 질문은 인간의 모든 능력을 포괄할 정도로 빠르게 재정의되고 있으며, 인간과 기계의 능력 경계선이 흐려지는 시대를 알리고 있다. 이제 우리는 이렇게 물어야 할 때다.

"인간이 가장 인간다울 때는 언제인가?"
"인간만이 할 수 있는 것은 무엇인가?"

2장

미래의 삶 – AI가 바꾸는 우리의 일상

일상 속으로 파고든 챗GPT

영화 〈미션 임파서블 7: 데드 레코닝 파트 1〉은 코로나19로 인해 예상보다 늦은 2023년 7월에 개봉되었다. 영화 산업이 어려움을 겪는 와중에도 야심 차게 내놓은 이 영화의 관전 포인트는 60대 나이를 무색하게 하는 톰 크루즈의 도전과 노력이다. 로마를 배경으로 한 톰의 오토바이 랠리 장면은 남자들의 가슴까지 설레게 할 만큼 멋있다. 가파른 낭떠러지에서 오토바이를 타고 공중으로 날아올라 낙하산을 펼치는 장년에서는 숨이 멎을 정도다. 정말 놀라운 건 대역을 쓰지 않고 본인이 직접 연기했다는 점이다. 이를 위해 500번이 넘는 스카이다이빙과 13,000번이 넘는 오토바이 훈련을 감내했다고 한다. 그의 열정과 노력을 성공으로 이끈 또 다른 큰 역할을 한 것이 바로 첨단 기술들이다. 각종 센서, 소프트웨어 그리고 드론 촬영 등으로 톰 크루즈의 훈련 결과를 모두 데이터로 기록하고 분석하여 미세한 차이와 패턴을 찾아내 완벽한 장면을 연출했다. 단순히 CG로 영화를 표현했던 것을 넘어 실제 배우들의 액션 장면들을 가장 현실적으로 실체화할 수 있는 바탕을 만들어 주는 것이다. 영화에서는 공항에서 얼굴을 알아보는 안면인식 기술도 선보이고 톰 크루즈가 복제된 가짜 목소리의 명령에 따라 목표 지점을 찾지 못하게 방해하는 GAN[5] 기술도 엿볼 수 있다. 이 모든 기술이 곧 인공지능의 일부이다.

'챗GPT가 애플의 아이폰만큼이나 전 세계를 흔들어 놓았다'라고 말할 수 있는 것은 인공지능의 일상화를 개척했다는 점에 있다. 사람들이 하고자 하는 거의 모든 활동에 챗GPT가 유용하게 쓰이고 있다.

학생은 리포트나 에세이, 직장인은 이메일이나 보고서, 사업 계

---

5)　　**GAN(Generative Adversarial Network, 생성적 대립 신경망):** 성격이 다른 두 시스템이 서로 경쟁하는 방식으로 학습이 반복되는 비교사(Unsupervised) 학습 알고리즘을 말한다. 예를 들어 위조지폐를 생성자(Generator)로, 진폐를 구분자(Discriminator)로 나눠 반복해서 학습시킨다. 생성자의 목적은 위조지폐를 반복적으로 학습시켜서 구분자가 진폐와 구별 못 하도록 위조지폐를 정교하게 만드는 것이고, 구분자의 목적은 생성자가 만든 위조지폐를 진폐와 구분하도록 학습하는 것이다. 이 둘을 함께 학습시키면서 마지막에는 진짜와 구분할 수 없는 실제와 같은 정교한 가짜를 만들어내는 것이다.

책 집필/
번역/교정

보고서/기안서
/제안서

업무별
코딩

대본/스크립
트/자막/영상
스토리 등

영어 이메일
사업 계획서

학교 리포트
/에세이 등

데이터 정리
및 요약

챗GPT 활용 범위

획서, 작가는 책 집필이나 번역, 교정 등을 할 때 도움을 받는다. 이 외에도 대본 스크립트, 동영상 자막, 영상 스토리, 코딩, 데이터 정리 및 요약 등은 물론 관공서에서 대민 서비스를 할 때도 활용한다.

경기도는 네이버와 협력하여 인공지능인 말벗 서비스를 지난 6월에 내놓았다. 경기도 내 65세 이상 어르신들 중 돌봄이 필요한 어르신들에게 인공지능 상담원이 주 1회 휴대전화로 전화를 걸어 대화를 나누는 서비스다. 경기도와 경기도 사회서비스원은 약 2달간 644명을 대상으로 5,900여 건을 제공했다고 밝혔다. 이 말벗 서비스로 독거노인들의 건강 문제, 돌봄 필요 여부, 경제적 어려움 등에 신속히 대응할 수 있어 큰 효과를 거두었다. 처음엔 이 말벗 서비스가 사람이 아니어서 거부감을 주진 않을까 우려가 있었지만, 오히려 사람이 아니어서 속내를 털어놓을 수 있었다고 한다. 폭염이나 태풍 등 외부 상황에 따라 상담자의 방문이 늦어질 때가 있는데 인공지능은 이러한 제한 없이 지속적인 서비스를 제공할 수 있다는 점에서 장점이 많다. 대다수의 독거 노인들은 삶에서 가장 큰 어려움으로 외로움을 꼽는다. 인공지능이 그들의 친구가 되어 준다는 것은 엄청난 세상 변화를 느끼게 한다.

인공지능과 자율주행차가 만나면 일어나는 일

인공지능은 교통과 이동의 큰 변화를 가져온다. 자율주행차는 운전자의 컨트롤 없이도 안전하고 효율적으로 운행이 가능하다. 예를 들어, 전기 자동차인 테슬라의 오토 파일럿 같은 기능이 있다. 자율주행은 레벨 0에서 5까지 나뉘는데 현재는 레벨 2에서 3 정도 수준에서 운행되고 있다. 이 레벨에서는 운전대에서 손을 떼면 안 되고 운전자는 전방을 주시해야 한다. 레벨 5의 완전 자율주행이 되면 이동 시간을 더 효율적으로 쓸 수 있다. 사람들은 출퇴근 중에도 일을 하거나 휴식을 취할 수 있게 된다. 예를 들어, 자율주행차 내부에서 승객은 차량의 유리창을 통해 증강 현실AR 정보를 볼 수 있으며, 이 정보는 인공지능에 의해 개인의 취향과 요구에 따라 맞춤화되어 있다. 또한 교통 흐름을 최적화하는 인공지능 시스템 덕분에 교통 체증과 사고가 크게 줄어들고 에너지 효율이 증가하며 환경 오염이 줄어들 것이다. 스마트 도로를 포함한 스마트 시티는 자율주행차의 혁신과 함께 주변의 모든 상황을 데이터로 학습해 인지하고 패턴을 찾아 위기에 대처할 수 있는 인공지능 시스템화를 이룰 것이다. 자율주행은 승용차뿐만 아니라 트럭, 드론, UAM^{Urban Air Mobility}(도심항공모빌리티) 등 다양한 교통 수단에 적용되어 모빌리티의 자율성을 주도하고 있다. 교통과 이동 수단에서 이러한 변화는 공간 컴퓨팅^{Spatial Computing}[6]과 결합해 현실 세계에 디지털 콘텐츠가 겹쳐져 업무나 여행 장소와의 상호작용을 끌어올릴 수 있다.

공간 컴퓨팅 작업 환경

---

[6] **공간 컴퓨팅**: 디지털 콘텐츠가 실제 주변 환경처럼 물리적 환경과 하나 된 공간이 나를 감싸는 컴퓨팅 환경을 말한다. XR(eXtended Reality, 확장현실)이 공간 컴퓨팅의 출발, VR(Virtual Reality, 가상현실)은 100% 현실과 분리되는 디지털 공간으로 VR 게임, 시뮬레이션 등이 있고, AR(증강현실, Augmented Reality)은 현실에 디지털 정보를 접목하는 것으로 '포켓몬 고'를 예시로 들 수 있다. MR(Mixed Reality, 혼합현실)은 VR과 AR을 포괄하는 기술이다.

공간의 경계를 파괴하는 공간 컴퓨팅

2023년 6월 5일 애플의 세계개발자회의WWDC에서 시현된 애플 비전 프로는 완벽한 가상과 현실의 파괴로 공간 혁명을 보여주었다. 비전 프로는 2024년 2월 미국에서 출시될 것으로 발표가 났는데, 가격은 3,499달러(약 450만 원)로 예상하고 있다. 애플 CEO 팀 쿡은 "사람의 눈과 손 그리고 목소리로 자연스럽고 직관적인 방법으로 제어할 수 있으며 화면 크기에 제약을 받지 않는다. 앱을 원하는 곳에 펼쳐 사용하기에 주변 환경에 제약이 없다. 다른 사람들과 한 공간에 있는 것 같다."라며 맥이 개인 컴퓨팅 시대를 열었고, 아이폰이 모바일 컴퓨팅 시대를 열었다면, 비전 프로는 공간 컴퓨팅 시대를 열 것이라고 말했다. 헤드셋을 쓰는 순간 공간은

애플 비전 프로(Apple Vision-Pro)
*출처 https://www.apple.com/apple-vision-pro/

AI, 질문이 직업이 되는 세상

무한대로 확장하며 영화에서 보았던 일들이 펼쳐진다. 눈과 손으로 제어하고 무엇보다 아이사이트Eyesight라는 기능을 탑재해 사람이 가까이 다가오면 헤드셋 안으로 눈을 보이게 하여 (몰입할 때는 안 보이게) 상대와 대화하고 교감할 수 있게 했다. 이러한 공간 컴퓨팅 기술을 자율주행차와 접목하면 자동차가 집이 되고 영화관이 되며 사무실이 될 수 있다. 공간의 제약을 뛰어넘을 수 있어 공간 혁신을 가져오게 된다.

인공지능은 양날의 검

자율주행차와 스마트 홈 기술의 결합은 일상생활을 더욱 편리하게 만들 것이다. 집을 떠나기 전에 영화 〈아이언맨〉 속의 자비스와 같은 비서 로봇이 자동차를 미리 예열하거나 최적의 온도를 맞춰 주고, 가정의 스마트 기기가 사용자의 도착을 예측하여 집 안의 조명, 온도, 음악 등을 조절해 줄 것이다. 또 인공지능으로 통합된 보안 시스템은 범죄를 예방하고 대응하는 데 인간의 한계를 극복하게 도와줄 것이다. 예측 분석을 통해 범죄 발생 가능성이 높은 지역을 식별하고, 대응 자원을 효율적으로 배치하여 안전을 강화할 수 있다. 그뿐만 아니라, 식당에서 마주하는 서빙봇, 커피봇, 친구가 되어 주는 챗봇, 금융 서비스를 알려 주는 금융봇 등은 이미 일상이 되고 있다. 미국 뉴욕에서는 소방 업무에 인공지능이 장착된 로봇 개Dog인 '스팟Spot'을 먼저 투입해 상황을 판단하게 하여 소방

관들의 안전과 원활한 구조 활동을 도모한다. 이렇듯 인공지능을 장착한 로봇이 인간이 하던 어렵고 힘든 일을 대신하며 우리 사회의 일상을 바꾸어 나갈 것이다.

인공지능은 의료, 교육, 경제, 교통 등 거의 모든 산업에 적용되어 효율성을 극대화하고 새로운 기회를 창출할 것이다. 개인화된 학습과 맞춤형 건강 관리 서비스가 가능해져 개인의 삶의 질을 향상시키며, 더 나은 데이터 분석과 의사결정 지원으로 비즈니스와 과학 연구에 혁신을 가져오고 있다. 그러나 긍정적인 변화만 있는 것은 아니다. 사생활 침해와 일자리 변화 등 윤리적·사회적 도전 과제를 제기하며 사회적 합의와 규제가 필요하므로 지금부터 차근차근 글로벌 스탠더드Global Standard(세계 시장에서 기준으로 통용되는 규범) 정립이 필요하다. 일상의 변화를 가져올 인공지능을 잘 활용할 수 있는 능력과 비판적 사고를 갖추는 것은 이미 우리 앞에 와 버린 경계의 파괴 시대에 큰 경쟁력이 될 것이다.

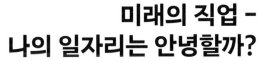

3장

미래의 직업 –
나의 일자리는 안녕할까?

341만 명의 일자리가 사라진다

1차 산업혁명부터 시작해 현재의 AI 혁명까지 기술의 발전은 항상 사회와 노동시장에 큰 영향을 미쳐 왔다. 초기 산업혁명에서 증기기관의 등장으로 역마차 마부들이 일자리를 잃었고, 이후 대량생산 체제와 인터넷의 탄생 그리고 웹 2.0[7]까지 이어졌다. 현재는 챗GPT와 같은 생성형 인공지능이 트렌드 변화의 중심에 서 있다.

---

7) **웹 2.0**: 1990년대 인터넷을 웹 1.0 기술 기반으로 홈페이지처럼 읽기만 가능했던 웹이었다면, 웹 2.0은 2000년대 들어서 읽기뿐만이 아니라 메타, 엑스(X), 인스타그램, 유튜브처럼 사용자가 직접 참여하고 소통할 수 있는 웹을 말한다. 차기 웹 기술인 웹 3.0은 '지능형 웹'이라고도 하며 인공지능과 블록체인 기반으로 고객 맞춤형 검색이 가능하고 데이터 주권 시대를 여는 토대가 될 것이다.

방대한 데이터를 학습하고 창의적인 결과물을 생성하는 인공지능은 시간 단축과 생산성을 높임으로써 업무 효율성을 크게 향상시키고 있다.

하버드 대학교 노동 경제학자 로렌스 카츠Lawrence Katz는 인공지능이 많은 일자리를 없앨 것으로 예측하면서, 인공지능이 새로운 일자리를 창출하고 생활 수준을 높일 수 있을지에 대해 의문을 제기했다. 세계경제포럼WEF은 인공지능 도입으로 2020년대 후반에 약 8천만 개의 일자리가 사라질 것으로 예측했다. 새롭게 창출되는 일자리 수를 감안해도 여전히 1천만 개 이상의 일자리가 감소하리라 해석되고 있다. 즉, 고도로 숙련된 챗GPT의 등장으로 노동시장에 큰 변화가 이미 시작된 것이다. 특히 챗GPT는 지식 기반의 일을 하는 지식노동자들에게 큰 위협이 되고 있다. 이는 지식노동자의 일은 거의 디지털화되어 인공지능이 학습할 수 있는 형태로 저장되기 때문이다.

지난 2023년 11월 16일 한국은행이 발표한 'AI와 노동시장 변화(BOK 이슈노트)' 보고서에서 인공지능 도입으로 인해 우리나라 취업자 중 약 341만 명이 인공지능 기술에 의해 대체될 가능성이 크다는 분석을 내놓았다. 이 보고서에서 인공지능이 반복적이고, 인지적인 업무를 대체하는 데 활용될 수 있기 때문에 대표적인 고소득 직업인 의사와 회계사, 변호사 등도 대체되기 쉽다고 전망했다. 이는 전문직으로 통하는 이른바 '사'자가 들어간 직업이 고소득과 미래를 보장하지 않는다는 것을 의미한다.

전문직도 예술가도 위험하다

인공지능이 지식노동자들을 대체하는 트렌드는 챗GPT를 통해서 이미 드러나고 있다. 지식노동자들의 다양한 활동을 데이터화하여 인공지능의 학습 데이터로 사용되고 있다. 이렇게 학습한 생성형AI는 마이크로소프트MS사의 365 코파일럿[8])에 탑재되었고 이를 통해 모든 사무가 자동화되었다. 워드, 파워포인트, 엑셀, 이메일, 팀즈 등 명령만 내리면 그에 따라 자동으로 생성하고 분석하고 실행한다.

따라서 단순 번역가, 문서 작성 업무를 하는 일부 공무원, 보조 드라마 작가, 간단한 법률 문서 작성 변호사, 세금 신고를 하는 세무사, 그리고 검색 위주의 컨설턴트 등 단순한 업무를 담당하는 지식노동자들은 인공지능에 의해 일자리를 잃을 가능성이 크다.

[8)] MS 365 코파일럿: 코파일럿(Co-pilot)은 부조종사를 뜻하는데, 사무직에서 활용되는 MS 엑셀, 워드, 파워포인트, 팀즈(화상회의), 이메일 등의 업무를 자동화하는 개념이다 예를 들어, 분기별 판매 실적을 분석하고 발표해야 한다면, 엑셀 파일에 있는 판매 데이터를 코파일럿이 대신 분석해 주며, 그 분석된 자료로 파워포인트에서 발표 자료를 만들어 주는 것이다. 물론 이를 위해서 인간이 프롬프트(Prompt)를 넣어 지시해야 한다. 여기서 프롬프트는 인공지능에게 수행할 작업을 지시하는 명령어 텍스트를 뜻한다.

포토샵으로 유명한 어도비Adobe가 발표한 파이어플라이Firefly 프로그램은 달리3Dall-e 3과 미드저니Midjourney 같은 텍스트로 이미지를 만들어내고 생성된 그림에 다른 그림을 조합할 수도 있고, 벡터를 활용한 글자를 이미지화하거나 크기를 조정할 수도 있다.

이러한 변화는 고도화된 생성형 AI에 의해 더욱 가속화될 것이다. 과거 대체 가능성이 낮다고 여겨졌던 창조적인 분야의 화가, 사진작가, 작곡가, 애니메이터 등도 현재 인공지능의 발전으로 인해 대체될 가능성이 커지고 있다.

2030 미래 직업에 휘몰아칠 변화

현재 청소년들이 사회에 진출하게 될 2030년. 미래의 직업에 어떤 변화가 일어날까?

인공지능은 복잡한 문제 해결, 창의적 사고, 감성적 인터랙션 등 인간과 유사한 작업을 수행할 것으로 보인다. 이로 인해 현재 전문성을 요구하는 상당수의 직업이 대체될 것으로 보인다. 인간은 더 독창적이고 비판적인 전략적 역량을 개발하지 못하면 인공지능의 지시를 따라야 하는 상황이 전개될 수도 있다. 즉, 인공지능은 대량의 데이터를 분석하고 학습하여 의료, 재무, 엔지니어링 등 전문 분야에서 복잡한 의사결정을 자동화하게 되는 것이다.

인공지능은 고급 수학적 모델링과 예측 분석을 수행하여 예측

AI, 질문이 직업이 되는 세상

이 어려운 경제 전망이나 복잡한 과학 문제를 해결하는 데 특별한 능력을 갖추고 있다. 그뿐만 아니라, 인공지능의 패턴 인식과 학습 능력을 사용하여 디자인과 혁신 측면에서 인간을 도울 수도 있다. 예를 들어, 창의적이고 효율적인 건물을 설계하려는 건축가에게 도움이 된다. 콘텐츠 창작 분야에서 인공지능은 음악, 문학, 미술 등 창작물을 만드는 데 활용될 수 있으며, 현재 90% 이상의 창작자들이 2030년대에는 인공지능으로 대체될 것으로 예상된다.

또한 인공지능은 개인의 감정과 선호도를 분석하여 이에 맞춘 서비스를 제공할 수 있다. 예를 들어, 교육 분야에서 인공지능은 학생의 학습 스타일과 감정 상태를 파악하여 맞춤형 교육 경험을 제공할 것이다. 사회적 상호작용 측면에서도 고객 서비스, 치료, 상담 등 인간의 감성을 다루는 분야에서 인공지능은 상호작용을 개인 맞춤화할 수 있다. 인공지능이 감성적 인터랙션Interaction을 대체하게 된다면 이러한 시스템을 관리, 감독, 개선하는 역할을 맡을 소수의 관리자나 인공지능의 결정과 행동을 이해하고 해석하는 새로운 형태의 전문가만 필요할 것이다. 지금 청소년이 인문학을 비롯한 고도화된 철학적 능력을 갖추어야 하는 이유가 여기에 있다.

긱 이코노미의 시대, 무엇을 준비해야 할까?

『직장이 없는 시대가 온다』의 저자 새라 케슬러Sarha Kessler에 따르면, 영국 시사 주간지 《이코노미스트》에서 10년 후 세계 인구의 절반이 프리랜서로 생활하게 될 것이라고 했다. 이는 코로나19 이전부터 확산되기 시작한 긱 경제Gig Economy 현상과 연관이 있다. 긱 경제는 전통적인 임금 체제가 아닌, '인스턴트 급여' 시스템을 통해 근로자가 자유로운 시간에 일하고 그에 따라 소득을 얻는 새로운 근무 형태를 말한다. 코로나 팬데믹 동안 이러한 임시직 일자리는 더욱 증가했다. 온라인 플랫폼의 발전은 라이더와 같은 플랫폼 노동자들의 증가를 견인했다.

예를 들어, 아마존 시스템을 수용한 쿠팡플렉스는 명절 시즌에 단기 드라이버를 유치하는 데 성공했다. 일본에서는 '프리터족'이라 불리는 청년들이 전통적인 기업 문화를 기피하며 여러 단기 알바로 생계를 유지한다. 이 때문에 정규직 일자리에 구인난이 발생해 해외 인력에 의존하는 상황이 되었다.

국제노동기구ILO는 디지털 노동 플랫폼의 수가 지난 10년 동안 5배 증가했다고 보고했다. 이러한 변화는 직업의식과 노동시장의 변화를 반영한다. 전통적인 9시부터 6시까지의 근무 형태는 점점 퇴색하고 있으며, 유연한 근무 환경과 자율성이 중요해지고 있다.

이러한 추세에 따라 앞으로 바뀌어야 할 직업은 기술적·창의적 능력을 더욱 중시하는 방향으로 진화할 것이다. 챗GPT 등 생성형 AI를 잘 활용해 자신의 재능과 취미를 경제활동으로 연계하는 프리터족 혹은 테크 프리랜서Tech Freelancer(기술 기반의 독립적 전문가) 같은 N잡러들은 더욱 늘어날 것이다. 원격 근무와 디지털 플랫폼을 활용한 직업군이 증가하며, 이에 따른 새로운 기술과 역량이 요구될 것이다. 따라서 이러한 변화를 고려하여 미래 직업 시장에 필요한 기술과 역량을 기르는 데 집중해야 한다.

AI 시대의 새로운 일자리 탄생

사라지는 직업이 있으면 새로 생기는 직업도 있다. 또한 직업군은 같은데 그 직업의 형태가 조금 달라지는 경우도 있다. 예를 들어 만화가의 경우, 과거엔 종이에다 펜으로 한 컷 한 컷 직접 그려가며 만화책을 완성했다. 시대가 바뀌고 기술이 발달하면서 만화가는 웹툰작가라는 이름으로 변모했다. 농사는 스마트 팜Smart Farm으로, 중국집 배달을 하는 사람은 라이더라는 직업으로 바뀌었다.

이처럼 현재의 직업을 미래에 발달할 기술과 결합하여 새로운 직업이 탄생할 수 있다. 생성형 인공지능의 출현으로 프롬프트 엔지니어와 AI 아티스트가 새로운 직업군으로 급부상했다. 프롬프트 엔지니어는 'AI 조련사'라고도 부르는데, 더 나은 결과를 얻을 수 있도록 인공지능에 지시할 다양한 목적의 프롬프트를 제작하고 테스트하는 일을 한다. 전통적인 코딩 기술보다는 인공지능과 대화하는 능력, 논리적이고 창의적인 사고가 중요하다. 생성형 인공지능에 대한 사용 경험은 논리적·언어적 관점에서 인공지능이 복잡하고 다양한 시나리오에 효과적으로 대응할 수 있도록 하는 역할을 한다. 포괄적인 프롬프트 엔지니어에서 이제 각 분야에 특화된 프롬프트 엔지니어가 필요한데, 대표적으로 프롬프트 엔지니어 라이브로리언Prompt Engineer & Librarian(사서 프롬프트 엔지니어)이 있다. AI 아티스트는 달리3, 미드저니, 스테이블 디퓨전 같은 생성형 AI를 이용해 예술작품을 완성하는 일을 한다. AI 알고리즘으로 이미지, 캐릭터, 비디오 및 기타 시각적 콘텐츠 생성 혹은 아트 설치물을 만드는 것도 포함한다. AI 아티스트는 기존의 기술로 달성하기 어려운 복잡하고 미묘한 변화와 뉘앙스를 포함하는 작품을 만들 수 있다. 예술과 기술의 경계를 뛰어넘는 인터랙티브 예술을 창출함으로써 창의성의 새로운 영역을 탐구한다.

인공지능은 인간이 기계와 협력하여 더 높은 생산성과 효율성을 달성할 수 있도록 한다. 이러한 협업은 새로운 형태의 작업 공간과 업무 수행 방식을 만들어낼 것이며 AI 테크 기반의 직업 훈련으로 지금과는 다른 노동시장 구조로 변할 것이다. 현재 존재하는 정규직, 평생직장, 공무원 등과 같은 직업의 안정성과 근로 조건 등은 새로운 비즈니스 생태계를 만들어내 전혀 다른 직업이나 진화된 직업의 형태로 변모될 것이다.

2024년을 살아가는 중·고등학생들은 미래 직업의식에 대한 변화가 필요하다. 인공지능이 인간의 일자리를 대체하는 만큼 나만의 창작이나 다양한 활동이 일거리가 될 수 있다는 의식 전환이 필요하다. 정규직과 평생직장이라는 개념에서 벗어나 자신의 재능과 취미를 경제활동으로 연결하는 테크 기반의 프리랜서 시대를 준비해야 한다. 테크 프리랜서의 시작은 직업과 취미의 경계 붕괴에서 비롯된다. 자신의 능력과 흥미를 한곳에 가두지 말고 벽을 허물어라. 테크(AI를 포함한 디지털 플랫폼)를 활용하는 능력과 경험을 쌓아야 한다.

테크 프리랜서 시대를 위한 전략 5가지

인공지능 대혁명을 맞이하는 청소년들은 앞으로 다가올 변화를 미리 꿰뚫어 보고 챗GPT 등 인공지능과 친해지며 새로운 아이디어를 발굴하고 확장시켜 나갈 준비를 해야 한다. 인공지능이 가져올 직업의 변화에 따라 필요한 역량도 달라지는 만큼 교육과 학습도 바뀌어야 한다. 개인의 학습 경험을 개선하고, 교육의 전면 개편이 필요하며, 첨단 기술과 함께 일할 수 있는 능력이 중요해진다. 테크 프리랜서 시대를 대비하려면 어떤 전략을 세워야 할까?

1. 내가 가장 잘하거나 즐거워하는 것을 찾아 집중적으로 파고들기(시기는 빠르면 빠를수록 좋다).
2. 챗GPT를 비롯한 생성형 인공지능 활용의 고수 되기(동화, 만화, 작곡, 영상 등 만능키가 따로 없다).

3. 미래 직업 혹은 비즈니스에 대한 통찰력을 키우기 위해 고전을 비롯한 인문학적으로 가치 있는 책 100권 읽기(기본 중의 기본이다).

4. 파이썬, 자바, C++ 프로그래밍 언어 배우기(노코딩 시대라도, 코딩을 배워 놓으면 경쟁력이 된다).

5. 챗GPT 등 생성형 인공지능분만 아니라 블로그, 유튜브, 인스타그램 등 다양한 SNS 활동하기.

얼마 전 관심을 끄는 《조선일보》 기사가 있었다. 남아공서 태어난 중국계 이민자 외과 교수 출신 패트릭 순시옹Patrick Soon-Shiong이 테크 프리랜서로서 성공한 이야기다.

순시옹은 빅데이터 기반의 진단과 개인에게 맞는 맞춤형 암 치료를 주장한 사람이었다. 그는 남아공 이민자의 아들로 태어나 자신만의 노력으로 성공스토리를 만들어내었다. 그는 "현대에 다빈치가 있다면 나는 대신 슈퍼컴퓨터를 활용할 것"이라며, "슈퍼컴퓨팅 시스템을 이용해 47초 만에 종양 샘플의 유전자 데이터를 분석하고, 18초 만에 전 세계 어디로나 결과와 처방을 보낼 수 있다."라고 말했다.

의사였던 그가 UCLA 병원을 그만두고 치료제 벤처 기업을 설립한 사업가가 된 것은 분명 큰 도전이었을 것이다. 그러나 그는 데이터 기반 바이오 테크놀로지를 결합하여 성공적으로 췌장암 치료제를 개발했다. 시옹 그 자신은 인공지능 개발자가 아니지만 바이오 데이터를 활용하여 인공지능 전문가들과 협력하여 종양 샘플 유전 데이터를 빠른 시간 안에 분석하는 기술을 개발하는 데 성공했다. 이는 그가 의사에서 데이터 기반 인공지능 바이오 비즈니스 전문가로서의 커리어를 발전해 나갔음을 의미한다.

그의 커리어 빌드업 전략을 살펴보면, 수술만 잘하는 의사에서 바이오 데이터 기반 췌장암 치료제 개발과 암 진단 시스템 구축 등으로 그 경력을 넓혀 갔으며, 이 과정에서 관련 업체 20여 개를 창설하거나 인수하는 등 바이오 테크놀로지 벤처 컨설턴트로서 이력을 쌓아 갔다. 게다가 그는 더욱 영역을 확장해《LA타임스》등 미국 주요 일간지인 캘리포니아 뉴스 그룹을 인수하고 CEO 겸 회장 직까지 맡았다. 언론사까지 인수한 것은 향후 부각될 인공지능 윤리 문제의 가장 큰 현안인 가짜 뉴스에 대한 대응을 위한 포석이었다.

"어린 시절부터 부조리한 환경과 제도를 경험한 시옹이 더 나은 세상을 만들기 위한 수단으로 언론 수호를 택했다는 것이다. 시옹은 가짜 뉴스를 암, 소셜 미디어는 전이 수단이라고 했다. 평생을 암과 싸워온 시옹이 사회를 좀먹는 암과의 전쟁에서도 승리할 수 있을까?[9]"

---

9)   박건형, "'수술로는 한계' 병원 박차고 나와… 암 치료제 개발, 세계 1위 부자 의사로",《조선일보》2023년 12월 8일.

패트릭 순시옹의 성공기는 인공지능의 일상화를 앞둔 한국 사회에 많은 메시지를 던지고 있다. 평생 암과 싸운 것처럼 가짜 뉴스와도 싸우겠다는 시옹의 이러한 미래 변화에 대한 선제적 대응이 어떻게 가능했는지 묻지 않을 수 없다.

경험은 단순히 해 보는 것을 의미하지 않는다

AI 시대는 인문학의 부활 시대라고 할 수 있다. 인문학의 기본은 자신의 내면을 들여다보는 것이다. 패트릭 순시옹은 열네 살 때부터 신문을 배달하며 대학 학자금을 마련했다. 그때 신문 1면과 심층 뉴스를 열심히 읽었다고 한다. 남아프리카 공화국에서 흑인과 비슷한 대우를 받던 중국계 이민자로서 23세에 의사가 되었지만, 백인의 절반에 해당하는 월급을 받았다. 아파르트헤이트(인종차별)와 신문배달이라는 경험과 신문에서 나온 정보를 분석하고 융합하면서 실력을 키우고 어려움을 이겨냈다.

경험은 단순히 '해 보는 것'을 의미하지 않는다. 행함으로써 어려움을 참아 내거나, 해결을 위해 어떤 노력을 하면서 자신과의 싸움이 있었을 때 우리는 그것을 경험이라고 부른다. 아이스크림이 먹고 싶어서 엄마에게 용돈 받아 사 먹은 것을 경험이라고 할 수는 없지 않은가. 물론 그 속에서도 또 다른 의미가 있을 수 있겠지만 좀 더 자신의 오감을 자극할 수 있는 무언가가 더해져야 한다. 예를 들면, 아이스크림을 먹기 위해 용돈을 아끼고 아껴 사 먹었을 때 어떤 감정이 들까? 대견한 자신을 토닥이며 먹는 아이스크림 맛은 세상에서 제일 특별하고 달콤할 것이다.

경험을 통해 겪은 고난에서 온 번뇌와 고민은 사고력의 깊이를 달리하고 세상을 보는 눈을 키워준다. 이를 진정한 경험이라고 말할 수 있다. 이런 경험들을 통해 스스로의 내면을 들여다보게 되는 계기를 만드는 것이다. 순시옹의 사례처럼 10대 청소년들은 AI 테크 프리랜서 시대를 준비하는 시선을 키우기 위해서 냉철하고 비판적인 사고력을 길러야 한다. 값진 경험을 만들기 위해 새로운 변화에 대한 도전을 두려워하지 말고 앞으로 나아갈 용기를 지녀야 한다.

4장

미래의 교육 – 답보다 '질문' 중심으로

인류의 역사를 바꾼 위대한 질문들

인류는 수천 년에 걸쳐 도구를 사용하면서 발전해 왔다. 나무나 철창을 이용해 사냥을 용이하게 했고 농기구를 사용해 토지를 경작하고 작물을 수확하면서 농업이 발전했다. 건축 분야에서는 돌, 벽돌, 철근 등의 재료와 공구를 사용하여 높은 건물과 다리, 터널 등을 건설하였고, 통신 분야에서는 문자, 전화, 인터넷 등의 통신 기술의 발전으로 신속한 정보 전달과 지식 공유의 활성화가 이루어져 글로벌이라는 세계화를 이룰 수 있었다. 도구는 또 다른 도구를 지속적으로 만들어냈다. 인간은 시대의 변화로 탄생한 새로운 도구에 적응하며 새로운 능력을 배양해 온 것이다. 이것을 가능케

한 핵심은 '호기심'이었다. "기계가 생각할 수 있을까?"라는 질문을 던지면서 인공지능의 역사가 시작되었다고 앞장에서 이야기한 바 있다. 이러한 호기심과 의문에서 비롯된 질문은 더 많은 정보를 구하게 하고 도전 정신을 끌어낸다.

"인간이 새처럼 날 수 있을까?"라는 질문은 최초의 비행기 발명으로 이어졌고, "달에 갈 수 없을까?"라는 질문은 1969년 닐 암스트롱의 달 착륙 성공으로 이어졌다.

이렇듯 질문은 때로 기적을 일으킨다. 애플의 창업자 스티브 잡스는 질문을 통해 문제에 대한 정의와 새로운 해석을 할 수 있고, 문제를 구체화하는 동시에 고정관념에서 벗어나 다른 분야의 지식을 융합해 새로운 해결책을 찾아낼 수도 있다고 했다. 테슬라 CEO인 일론 머스크는 로켓 발사 역추진체 재활용에 성공했는데, 이 성공의 시작은 그가 던진 하나의 질문에서 비롯되었다. "왜 우주 산업의 비용이 터무니없이 높기만 할까? 더 낮출 방법은 없을까?"라는 질문이 출발점이었다. 그는 단가를 낮추기 위해 각고의 노력을 했고, 재사용을 하는 데에 생각이 이르렀다. 결국 모든 엔지니어가 불가능하다고 했던 로켓 역추진체의 귀환에 성공하고 로켓을 재활용하는 데 성공했다. 고정관념에서 벗어나 새로운 해결 방법을 찾아낸 혁신적 사례이다.

잠에서 깨어나라

질문은 챗GPT 등 생성형 AI에서는 필요 불가결하다. 챗GPT는 프롬프트Prompt(명령, 질문)에 따라 그 답변이 완전히 달라진다. 챗 GPT가 어떤 답을 내놓을지 모르기 때문에 답을 유도하는 질문이 얼마나 정교한지가 중요하다. 만족스럽지 못한 답이 나오면 계속 답을 유도해 내야 하므로 고도의 비판적 사고가 필요하다.

기발한 아이디어를 얻고 싶다면 질문이 기발해야 한다. 뛰어난 질문력은 내가 원하는 정보를 얻고 답변을 얻는 데 그치지 않는다. 질문력으로 수익을 창출하며 부를 쌓고 새로운 직업을 만들어내기도 한다. 창의적인 질문으로 멋진 그림을 그려내기도 하고 책을 쓰고 곡을 만들면서 수익 창출의 기회를 가져가기도 한다. 생성형 AI의 종류와 방식이 다양화되면서 이런 기회는 더욱 많아지고 있다. 질문 능력을 키워야 하는 이유다.

이제 생성형 AI는 인간과 텍스트나 음성, 그림, 동영상으로 대화한다. 그 기초는 모두 사람이 사용하는 자연어다. 언어는 문화와 풍습, 역사를 담고 있다. 그러나 인공지능은 인간이 살아가면서 기쁘고 행복하고 슬프고 좌절하면서 느끼는 감정을 언어에 담아낼 수 없다. 사람은 같은 언어라도 눈빛과 얼굴 표정 그리고 제스처로 다른 의미를 만들어낼 수 있지만 말이다. 마치 인공지능이 사과의 종류를 줄줄 외우고 어느 계절에 어떤 사과가 생산되며 색깔이 어떤지에 관한 이야기는 할 수 있어도 사과의 맛이 사람에 따라 시기도 하고, 달기도 하고, 새콤달콤하기도 하고, 쓰기도 떫기도 하다는 것을 알지는 못한다. 또한 사과가 사람에게 어떤 영양학적 영향을 미치는지는 알아도 사람의 기분을 어떻게 변화시키는지에 대해선 알지 못한다. 따라서 인간은 인공지능이 가지지 못한 감성적 능력을 향상시켜야 하는 숙제를 안고 있다.

얼마 전 EBS의 다큐멘터리에서 보여 준 교실의 모습은 가히 충격적이었다. 몇몇 학생들이 수업 중 책상에 엎드려 자고 있었다. 한 학생이 말하길, 공부는 학원에서 하고, 교실은 잠자는 곳이라고 했다. 족집게식 문제 풀이 학원 수업이 더 효율적이라고 생각하는 것이다. 이처럼 학교든 학원이든 정답 맞히기, 암기식 공부를 계속

AI와 융합된 미래교실

한다면 인공지능이 턱없이 잘하는 일을 좇아가기 위해 열심히 달리고 있는 것과 같다.

챗GPT는 암기, 분석, 추론뿐만 아니라 복잡한 개념을 인간보다 더 빠르게, 더 잘 이해한다. 공부 방식을 조금씩 바꾸어 보자. 이해가 잘 안 되는 것은 챗GPT에게 쉽게 설명해 달라고 요청해 보자. 개인 맞춤형 튜터링을 받을 수 있다.

앞으로 학교에서도 챗GPT를 도구로 활용하는 방향으로 나아갈 것이다. 이 도구를 잘 활용하여 독창적인 아이디어를 생성하고 더 효율적인 학업을 해나갈 수 있다. 단, 챗GPT 답변의 정확성을 꾀하기 위해 출처를 확인하고 편향된 데이터가 있는지 맥락을 파악하는 등 다양한 형태의 질문과 답변에서 나오는 공통점과 상이점을 찾아내는 노력은 아끼지 말아야 한다.

이런 노력은 챗GPT의 할루시네이션Hallucination(생성형 인공지능이 거짓 정보를 마치 사실인 것처럼 생성 및 전달하는 현상)을 걸러 낼 때도 마찬가지다. 명령을 제대로 주지 않으면 원하는 대로 움직이지 않기 때문에 인공지능을 잘 활용하고 다루는 사람이 필요하다. 인공지능이 일상생활 곳곳에 들어오는데 그저 바보상자로 둘 것인지, 보물상자로 만들 것인지는 내가 어떻게 하느냐에 달려 있다. 잠에서 깨어나 인공지능의 리더가 되어야 한다.

왜 인문학일까?

인문학적 지식은 인간의 복잡성을 이해하는 것이다. 인간의 감정, 동기, 가치관 등 복잡한 측면을 이해하고 분석하는 데 필수 분야가 인문학이다. 아무리 기술이 발전하더라도 이런 인간의 복잡성을 완전히 이해하거나 대체하는 것은 쉽지 않다.

그래서 인문학은 인간의 가치 탐구를 바탕으로 창의력과 비판적 사고를 길러 주는 학문이라고 말한다. 예를 들어 문학, 철학, 역사 등을 공부함으로써 다양한 관점을 배울 수 있으며, 그것들로부터 새로운 아이디어나 접근 방법(정보 융합) 능력을 빌드업 할 수 있다. 더 나아가 인문학은 각자의 다양한 문화와 가치관에 대한 이해를 높여 '소통' 능력과 '협업' 능력을 강화할 수 있다. 인문학은 인류에게 해결되지 않은 답을 찾기 위해 끝없이 의문을 품을 수 있게 만드는 지지대 역할을 한다.

인공지능 시대가 펼쳐갈 미래 교육은 답을 찾아내는 것만큼 '질문하는 법'을 알아가는 데 초점을 둬야 한다. 이미 충분히 알고 있는 것 같아도 거기서 넘어가지 말고 왜 그렇게 되는지, 어디에 적용할 수 있는지, 다른 방법은 없는지, 시대적 오류는 없었는지 등 질문을 품어 보자. 질문 중심의 학습법은 지식을 더 깊게 탐구하게 하고 창의적이고 자기 주도적인 학습 능력을 키워준다.

하지만 지금껏 일방향적이고 암기식에 익숙한 사람이 습관을 바꾸는 것은 절대 쉽지 않다. 그러나 변화를 시도한다는 것부터가 시작이다. 질문하는 습관이야말로 우리가 인공지능 시대에 성공적으로 적응하고, 미래 사회의 도전에 대응하는 데 결정적인 역할을 하게 될 것이다.

5장

미래의 사회 – 진짜가 가짜인지, 가짜가 진짜인지

젤렌스키 대통령은 정말 항복했을까?

우크라이나 전쟁은 '가짜뉴스'가 전쟁의 성패를 좌우할 무기로 사용된 첫 번째 전쟁으로 부각되고 있다. 우크라이나 전쟁 개전 초기인 2022년 3월, 젤렌스키 우크라이나 대통령이 러시아에 항복을 선언하는 모습을 담은 딥페이크 영상이 유튜브와 메타 등지에 널리 퍼졌지만, 결국 '가짜뉴스'로 판명되어 각 SNS 플랫폼에서 삭제되었고, 푸틴 대통령이 평화를 선언하는 모습 역시 '가짜뉴스'로 밝혀졌다.

이러한 생성적 대립신경망GAN 알고리즘과 같은 딥페이크 기술은 가상 인플루언서를 만들어내어 기업 홍보와 마케팅에 활용하는 등 현대 사회에서 긍정적인 기술 혁신을 가져왔다. 하지만 빛이 있으면 그림자도 있는 법. 가짜 뉴스의 생성과 유포라는 부정적 측면도 가지고 있다.

개인의 사생활을 침해하는 가짜 뉴스, 가짜 영상, 정치인들에 대한 허위 정보 등이 난무하며, 이를 구분하는 것이 갈수록 어려워지고 있다. 그뿐만 아니라, 초현실적 시뮬레이션과 혼합 현실(가상+증강)은 현실과 구별이 거의 불가능한 경험을 제공해 영상, 오디오, 심지어 생방송에서도 진위를 판단하기 어렵게 한다. 이제 목소리를 복제한 신종 보이스피싱이 등장했고, 얼굴까지 복제해 화상 보이스피싱으로 확산되면서 사회적 대혼란을 예고하고 있다.

또한 챗GPT와 같은 인공지능은 다양한 데이터 소스에서 수집된

'이스라엘 총리가 젤렌스키 대통령에게 항복하라고 권유했다'라는
뉴스는 가짜라고 알리는 X의 포스팅
*출처: UkraineWorld X

AI, 질문이 직업이 되는 세상

텍스트, 이미지 등을 학습한다는 점에서 저작권 문제를 야기하고 있다. 인공지능이 학습하는 데이터의 저작권 문제는 인공지능 기술의 발전과 함께 중요한 논점으로 부각되고 있다.

이를 해결하기 위해 저작권 기준을 새롭게 설정할 필요성이 제기되고 있다. 표절과 2차 가공 등에 대한 분쟁을 방지하고, 창작자의 권리를 보호하는 동시에 인공지능 기술의 발전을 촉진하는 데 필요한 조치다. 인공지능 기술의 발전과 함께 이러한 부작용을 최소화하기 위해서는 법적·제도적 규범이 마련되어야 한다. 챗GPT를 활용할 때 출처와 정보 점검이 필수인 이유다.

'비판적 사고'가 미래 경쟁력이다

정보의 신뢰성, 즉 옥석을 가려내는 것이 말처럼 쉽지 않다. 정보의 바다로 볼 수 있는 유튜브를 예로 들어 보자. 원하는 정보를 얻기 위해 어떤 유튜브 동영상을 보면 추천 알고리즘에 따라 기존에 본 영상과 비슷한 영상이 노출된다. 계속 클릭하다 보면 지속적으로 그와 비슷한 영상을 추천받는다. 이렇게 비슷한 종류의 영상만 보게 되면 정보의 다양성에서 멀어지고 편협한 사고에 갇힐 수 있다. 또한 그 정보의 신뢰성과는 무관하게 대중의 평균 의견으로 받아들여 의심 없이 믿어버릴 수 있다. 말 그대로 편향된 정보를 받아들이고 다른 쪽의 정보에 대해서는 눈과 귀를 닫으면서 옥석을 가릴 수 있는 비판적 판단을 하지 못하는 지경에 이른다.

영상 플랫폼 기반의 유튜브와 넷플릭스, 메타, 인스타그램, 네이버 등 모든 플랫폼 기업에 추천 알고리즘 시스템이 있다. 관심 있는 영상이나 콘텐츠를 찾을 수 있는 기회를 주는 것 같지만, 이는 다양한 정보를 접할 기회를 차단하는 것이다. 이것이 바로 뉴미디어에서 두드러지게 나타나는 필터 버블[10] 현상이다. 이것은 정보의 불균형을 만들고, 이는 곧 디지털형 부의 격차를 심각하게 한다. 이른바 정보 독점 계층과 정보 소외 계층으로 격차가 벌어지는 것이다.

미래의 기득권층은 정보를 독점하기 위한 알고리즘의 권력화에 집중할 것이다. 정보의 참과 거짓을 파악하지 못한다면 알고리즘 권력화에 종속되고 만다. 이러한 알고리즘이 생성형 AI에 접목된다면 '편협한' 정보에 노출되어 그 권력에 종속될 수밖에 없다.

정보의 참과 거짓 등 거짓 매트릭스에 갇힌 삶을 살고 싶은가? 인공지능은 어느 것이 진짜이고 가짜인지 알 수 없는 정보를 쏟아내며 인간을 교란시킬 것이다. 인공지능 시대에 정보의 옥석을 가리고 가치를 분류하고 판단하는 능력은 필수다. 청소년들이 비판적 사고를 길러야 하는 이유가 여기에 있다.

---

10) **필터 버블(Filter Bubble):** 사용자의 정보(위치, 과거의 클릭, 댓글, 검색 이력)에 기반하여 개인의 선호도를 분석해 정제된 정보를 제공함에 따라 선별된 정보만을 제공받게 되는 현상을 말한다. 확증편향을 강화하는 현상이라고 표현한다. 챗GPT에서도 답변의 편향성이 문제가 되고 있는데, 필터 버블 현상과 밀접한 관계가 있다고 볼 수 있다.

인간과 구분하기 힘든 휴머노이드 로봇

2005년에 개봉된 영화 〈아일랜드〉는 2050년의 미래 사회를 배경으로 한 과학소설을 영화화한 작품이다. 20여 년 전에 만들어진 영화지만 놀라울 정도로 현재 인공지능의 발전으로 우려되는 문제를 잘 드러내고 있다. 〈아일랜드〉는 지구에서 유일하게 오염되지 않은 땅을 말한다. 그러나 그곳은 희망의 땅이 아니라, 인간에게 장기 등을 제공하기 위해 복제인간이 무참히 생을 마감하는 곳이었다. 이러한 설정은 현재에도 제기되고 있는 로봇과 인간 사이의 인권과 윤리적 권리에 대한 본질적인 의문이다.

2040년경에는 거의 모든 사람이 자신을 잘 아는 개인화된 인공지능 비서를 소유하게 될 것이다. 이러한 비서들은 사용자에 의해 실제 인간으로 인식될 정도로 인간의 행동과 감정을 모방할 것이다. 2017년 영국 드라마 〈휴먼스〉[11]에서의 상황이 현실로 다가오는 것이다. 휴머노이드 로봇이 인간과 거의 구분이 안 될 정도로 발전하여 인간과 기계 간 상호작용의 경계가 무의미해지는 상황이다.

현재 청소년들이 사회생활을 하게 될 2030년 후반의 미래 사회에는 고도화된 AGI가 일상생활의 모든 측면에 통합되면서 진짜와

---

[11]   **휴먼스**: 스웨덴에서 제작한 리얼 휴먼을 영국 채널 4와 미국의 AMC에서 리메크한 작품으로 2015년에서 2018년까지 3년간 총 3개의 시즌에 걸쳐 방영된 드라마이다. 로봇이 인간의 생활 속 깊숙이 들어온 상황을 그려 낸 작품으로 호평을 받았다.

가짜를 구별하는 것이 중요한 도전 과제가 될 것이다. 이를 위해 다음과 같은 대책이 필요하다.

첫째, 강화된 디지털 인증 및 검증 시스템을 통해 정보의 진위를 확인하는 기술 고도화, 둘째, 교육 및 훈련 프로그램을 통해 사람들이 디지털 정보를 비판적으로 분석하고 평가하는 능력 강화, 셋째, 법적·윤리적 기준을 마련하여 인공지능 기술의 사용을 규제하고 관리해야 한다. 마지막으로 투명성과 공개성을 증진시켜야 한다. 그래야만 인공지능 기술의 신뢰성을 높일 수 있다.

특히, 인공지능과 휴머노이드 로봇이 사회의 일원으로 통합됨에 따라 그들의 권리와 책임에 대한 명확한 정의가 필요해진다. 인간이 인공지능과의 상호작용을 이해하고 비판적 사고로 인공지능 정보를 평가하는 능력을 키워야 한다. 이는 교육 및 훈련 프로그램을 통해 이루어질 수 있다. 정부와 기술 기업은 이러한 기술의 영향을 관리하고 규제하기 위해 적절한 가이드라인과 정책을 마련해야 한다. 각자는 인공지능의 법적·윤리적 범위 내 활용과 정보의 옥석을 가려 편향된 정보에 빠져들지 않도록 노력해야 한다. 그래야 로봇과 인간이 조화롭게 살아가는 미래 사회를 만들어 갈 수 있다.

코앞으로 다가온 로봇과의 미래에 대응할 준비가 되었는가?

PART 2

가치 있는 슈퍼 개인이 돼라

2023년 영국의 버킹엄셔 블레츨리 파크Bletchley Park에서 2023 AI 안전성 정상회의AI Safety Summit 2023 Programme가 개최되었다. 인공지능 진화의 이면에 있는 부작용을 최소화하기 위해 AI의 위험성을 이해하고, 안전과 보안을 담보하기 위한 국제적 연대 프로그램이다. 블레츨리 파크는 AI를 처음으로 고안한 스물네 살 천재 수학자 앨런 튜링Alan Turing이 제2차 세계대전 당시 독일의 '에니그마Enigma' 코드를 해독했던 곳으로 현대 컴퓨팅 발상지 중 하나다. 앨런 튜링은 암호 해독으로 제2차 세계대전 종식을 2년 앞당겨 1,400만 명의 목숨을 살린 전쟁 영웅이다. 2023년 챗GPT로 싱귤래리티(특이점)의 시대를 열어 젖히면서 그 역사의 시작인 앨런 튜링의 부활을 알렸다. 앨런 튜링이 연 인공지능 초기부터 약 70년이 지난 지금, AI는 일상의 모든 측면에 혁명을 일으키며 AI 시대를 맞이하고 있다. 100년도 채 안 된 시간에 인공지능 기술은 우리의 삶을 더 편리하고 효율적으로 만드는 동시에 오랫동안 우리에게 익숙한 모든 생활 방식을 바꾸고 있다.

우리는 무엇을 대비하고 준비해야 할까?

1장

AI 시대가
요구하는 역량

AI와 경쟁하지 말고 협력해라

사람을 대신하는 자동화 기술은 이미 어디를 가든 쉽게 만날 수 있다. 맥도날드에서는 키오스크가, 식당에서는 서빙 로봇과 주방 협동 로봇이 사람을 대신하고 있으며, 상담 전화는 챗봇이 대신하고 인공지능이 개인 비서가 되고 있다. 보고서 및 프레젠테이션 자료도 다 만들어줄 뿐만 아니라 이메일 관리도 해 준다. 일하는 방식이 이전과 완전히 달라지면서 기존의 직업이 사라지게 되거나 새로운 형태의 직업이 창출되고 있다.

이러한 변화는 2025년 이후 사회에 진출할 현재의 10대들에게 전혀 다른 역량을 요구할 것이 분명하다. 즉, 과거에 중요하게 여겼던 기술과 지식은 미래의 노동시장에서는 쓸모가 없어진다. 기계가 대신하기 때문이다. 이제 우리는 인공지능과 협력하여 문제를 해결할 수 있는 새로운 능력을 빠르게 받아들여야 한다.

지난 2023년 5월 마이크로소프트 연례보고서 '2023 업무동향지표Work Trend Index'에서 인공지능이 성장함에 따라 일자리에서 필요로 하는 직무 능력에 관한 설문 조사 결과를 발표했다. 설문에 참가한 82%의 리더가 인공지능으로 인해 일자리의 형태가 변할 것이며, 그에 대비하기 위해서 각 개인은 새로운 역량을 개발해야 한다고 조사되었다. 미국의 선진기업 리더들이 AI 시대에 어떤 능력을 갖춘 인재들이 살아남으리라고 했는지 한번 살펴보자.

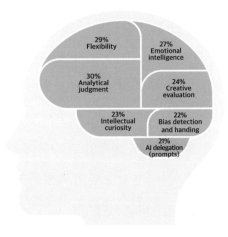

AI 시대 직원들에게 요구되는 필수 역량 7가지
(The list of skills leaders believe will be essential for employees in an AI-powered future)
*출처: 마이크로소프트 '2023 업무동향지표' 보고서

　　　　　　　　　　　　　AI, 질문이 직업이 되는 세상

AI 시대 필요 역량 7가지

1. **분석적 판단**: 인공지능이 분석한 자료로 비즈니스의 적합성 등을 판단하는 의사결정

2. **유연성**: 인공지능이 통합된 워크플로(Workflow, 직무 처리 과정) 등 변화에 빠르게 적응

3. **감성 지능**: 대인관계와 인공지능, 인간의 상호작용

4. **창의적 평가** : 인공지능이 제작한 콘텐츠 평가

5. **지적 호기심**: 인공지능에게 올바른 질문을 할 수 있는 능력의 원천

6. **편향성 식별 및 처리**: 데이터의 편향성을 평가하고 수정 및 보완하는 능력

7. **인공지능 활용 능력(프롬프트)**: 올바른 프롬프트로 인공지능을 직접 리딩하는 능력

이러한 능력은 암기식과 정답 맞히는 연습만으로는 개발할 수 없다. 지금과 같이 학교에서 정형화된 교육 과정에 익숙해져 있는 우리 청소년들에게는 이러한 능력을 빌드업하기에 불리할 수밖에 없다. 특히 갑작스럽게 찾아온 AI 혁명은 지금까지 다른 사람들의 업무에 묻어갔던 게으른 사람들은 더 이상 생존이 불가능하게 되었다. 대신, 가장 창의적인 개인의 역량을 갖춘 인재만이 인공지능과의 업무 효용성 측면에서 생존력을 갖추게 될 것이다. 그래서 마이크로소프트사가 제시한 인공지능 직무 능력은 결국 업무의 창의

성, 효율성 그리고 인공지능과의 협력을 통한 미래 먹거리 창출이라는 공통된 키워드를 가지고 있다. 이러한 직무 능력은 오랜 기간 축적해야 하는 노력의 산물이라는 사실을 잊지 말자.

1. 분석적 판단 30%

인공지능 기술은 데이터 분석과 정보 제공에 매우 유용하지만 창의성에 기반한 인간의 분석 및 판단 능력은 여전히 필수적이다. 그리고 인공지능이 데이터 수집과 분석에 탁월하지만, 그 데이터를 편향성 없이 해석하고 비즈니스나 조직의 특정 맥락Context에 알맞게 적용되었는지를 이해하는 것은 인간의 판단력에 따라 결정된다. 즉, 데이터는 수집보다 해석과 활용의 적합성이 더 중요한데, 이것은 인공지능의 영역보다는 인간이 지속적으로 해야 할 고유의 영역이라 볼 수 있다.

또한 인공지능은 데이터를 분석하고 예측할 수 있지만, 의사결정을 내리고 문제를 해결하기 위해서는 미래의 불확실성과 보이지 않는 상황, 그리고 윤리 등 다각도의 '통찰력'에 기반한 판단 능력이 절대적으로 필요하다. 그래서 해외의 명문 대학들이 고등학교 시절 헌신하며 리더십을 발휘한 인재를 선발하는 이유가 여기에 있다.

2. 유연성 29%

유연성은 복잡한 환경에서 업무를 관리하고 변화에 대응하며 대처하는 데 필수 능력이다. 예를 들어, 비디오 게임을 하면서 레벨이 계속 바뀌는 상황을 상상해 보라. 새로운 전략과 규칙을 빠르게 파악한다면 재빨리 전략을 바꿔 승리를 거머쥘 수 있다. 하지만 그 반대라면 게임에서 계속 패배할 수밖에 없다. 이것은 바람이 지속적으로 세게 불면 뻣뻣한 대나무는 부러지지만, 갈대처럼 유연하면 부러지지 않는 것과 같다. 즉, 변화에 적응할 만큼 유연하되, 도전에 맞설 만큼 충분히 자신의 소신은 있어야 한다.

유연성은 다양한 배경, 관점, 아이디어를 수용하고 존중받을 때 향상된다. 다양성을 인정하고 활용하는 조직은 창의적인 문제 해결과 혁신을 장려할 수 있다. 미국이 역동적으로 세계를 리딩할 수 있는 것은 전 세계의 창의적 인재들을 수용하고 그들이 미국에서 자리 잡도록 수용하는 커뮤니티 문화를 형성했기 때문이다.

특히, 미국에서 매우 보수적인 지역이었던 애리조나나 텍사스, 조지아, 앨라배마는 4차 산업혁명의 바람이 불기 시작한 2010년 중반 이후 한국을 포함한 아시아 기업에 자율주행차 공장, 반도체 공장 등을 적극적으로 유치했다. 미국의 다양성과 수용성을 보여주는 좋은 예이다. 미국은 대표적인 다민족 국가로 다문화 커뮤니티가 형성되어 있으며, 소통과 협의를 통해 상대를 포용하려는 문화를 가지고 있다. 이는 미국이 가진 최고의 경쟁력이다. IT 글로벌 기업들이 많은 것 또한 실수와 실패를 '유연한 대응으로, 성공하기 위한 중간 과정'으로 인정해 주는 사회적 분위기를 만들어 왔기 때문이다.

실패를 두려워하지 않고 거기서 뭔가를 배우려는 태도는 긍정적인 사고에서 비롯된다. 이것 역시 유연성이라는 사회적·개인적 자양분이 있기에 가능하다. 인공지능 시대에 중요한 능력임을 중·고등학교 시절부터 인식해야 한다.

3. 감성 지능 27%

감성 지능Emotional Intelligence, EQ은 감정을 인식하고 이해하여 자신뿐만 아니라, 다른 사람과의 관계를 효과적으로 구축하고 유지하는 능력을 말한다. 인공지능은 계산이나 분석 등 수리적 능력이 뛰어나기에 관련 직무의 인공지능 대체를 촉진해 업무 프로세스의 변화가 생길 것이다.

이러한 변화 속에서 성공적인 대인관계 구축과 유지, 직장 내 문제 해결, 팀의 효율성 향상, 조직 내 문화 개선 등을 위해 인간만의 감성이 더욱 필요해질 것이다. 우선 자신의 감정부터 인식하고 이해해야 한다. 이것은 타인과의 대화에서 자신이 어떤 감정을 느끼고 그 감정을 어떻게 다루어야 하는지 자신을 정확하게 인지할 수 있다. 상대방의 표정, 목소리 톤, 몸짓 등을 통해 감정을 읽고 이해하는 것은 HRHuman Resource(인력 관리)에 큰 역할을 할 것이며, 이는

HCI**Human-Computer Interaction**(사람과 컴퓨터의 상호작용) 분야나 인공지능과 인간의 상호작용 등에서도 꼭 필요한 능력이 될 것이다.

4. 창의적인 평가 24%

창의적인 평가란 인공지능에 의해 생성된 콘텐츠 및 결과를 평가하는 능력을 말한다. 이제는 생성형 인공지능을 활용하여 보고서, 사업 계획서, 블로그 게시물, 소셜 미디어 게시물과 같은 콘텐츠를 자동으로 생성할 수 있다. 또한 마이크로소프트 365 코파일럿으로 프레젠테이션 자료를 만들고, 엑셀에 작성된 지난달 판매 데이터를 자동 분석하고 그래프로 시각화할 수 있다. 이뿐만 아니라, 홍보 영상 제작이나 광고 카피도 만들어낼 수 있다.

이렇게 생성된 콘텐츠나 결과물에 대해서 부족한 점은 무엇인지, 더 보완하거나 수정할 부분이 있는지를 찾아내 업그레이드한다. 인간의 따뜻한 감성을 덧칠할 수 있도록 인공지능이 수행한 업무를 평가해야 한다.

5. 지적 호기심 23%

지적 호기심은 새로운 정보를 탐색하고 배우려는 욕구, 더 나아가 질문하고 연구하려는 열정의 근원이라고 말할 수 있다. 지적 호기심은 지식 습득, 문제 해결, 창의적 사고, 학습 능력 및 개발에 중요한 역할을 한다. 새로운 주제와 아이디어를 탐구하고, 자주 질문을 던지며 알고 싶어 하는 지적 호기심은 인공지능을 이길 수 있는 인간의 능력이다. 지적 호기심으로 새로운 아이디어를 찾고, 다른 분야의 개념을 결합하며, 새로운 방법을 시도하여 혁신적인 솔루션으로 발전시키는 것이 중요하다.

6. 편향성 식별 및 처리 22%

편향성 식별 및 처리 능력은 공정하고 투명한 인공지능 시스템을 개발하고 유지하는 데 필요한 능력이다. 학습될 데이터의 품질, 다양성 및 대표성을 평가하고 편향이나 왜곡을 식별할 수 있어야 한다. 예를 들어, 어느 기업에서 마케팅 전략을 수립하고자 인공지능으로 분석할 때 남성 고객의 데이터만 훈련시킬 경우 모든 전략이 남성 쪽으로 치우친 편향된 전략만 나올 수 있다. 인공지능이 생성한 콘텐츠와 결과물이 어느 한쪽으로 편향된 것은 아닌지, 인종차별이나 성차별 등 법적·윤리적 문제에 저촉되는 건 없는지 등을 찾아낼 뿐만 아니라 맥락의 편향성도 분별해 수정 및 보완할 수 있어야 한다. 이는 다양한 책 읽기를 통해서 문장과 텍스트 이면의 메시지를 파악하는 훈련을 지속적으로 해야 편향성을 수월하게 분별할 수 있다.

7. 인공지능 활용 능력(프롬프트) 21%

인공지능 활용 능력은 인공지능 기술을 효과적으로 활용하여 다양한 작업을 수행하는 것을 말한다. 미래 기업이나 소속 기관이 더 효율적인 운영과 혁신을 추진하는 데 필요한 능력이다. 인공지능은 도구인 만큼 사람이 할 수 있는 일을 대부분 대신할 수 있다. 그러한 도구를 잘 사용하고 활용하는 능력이 중요한데, 이것의 핵심이 바로 프롬프트 능력이 있느냐. 프롬프트로 내가 원하는 바를 생성하도록 잘 지시하고 이끌어야 하는 것이다. 수행 평가 시 챗GPT를 활용해 보는 것도 좋은 방법이다. 아이디어와 정보를 얻고 그것을 새로운 나의 아이디어로 바꾸는 훈련을 꾸준히 할 것을 권한다. 그 과정에서 인공지능의 장점을 이해하고 활용하는 능력을 끌어올릴 수 있다.

가장 인간다운 능력이 핵심

마이크로소프트가 발표한 인공지능 시대에 요구되는 역량을 종합해 보면 인공지능 기반의 비즈니스 환경에서 직면할 여러 문제를 해결해 나갈 때 필요한 역량과 일치한다. 인공지능은 시스템화되어 있고 일정한 조건과 명령에 따라 움직인다. 다양한 지식 데이터를 학습한 인공지능이 패턴을 찾아내고 패턴 속에서 미래를 예측하여 분석해 내는 능력은 뛰어나지만, 예견하지 못했던 돌발 상황에서는 인공지능도 속수무책이다. 예를 들어, 2020년부터 환경부 국립환경과학원에서 인공지능을 도입해 과거 미세먼지 농도 데이터를 학습하여 미세먼지 농도 예측 프로그램을 시범 도입했다.

인공지능이 도입되기 이전인 2018년의 하루 예보 정확도가 73%, 이틀 예보 정확도는 68%에서 인공지능이 도입된 2020년엔 각각 80.2%, 74.0%로 올라 인공지능이 정확도를 10~20%를 올린 것으로 증명됐다. 그러나 코로나라는 돌발 변수가 생기자 인공지능이 오보를 쏟아냈다. 복잡한 데이터와 역학 관계들의 패턴은 잘 찾아냈지만, 이런 돌발 상황은 인공지능이 학습한 데이터로는 예측할 수 없는 것이었다.

이렇듯 시스템화된 인공지능과 달리 예측하지 못한 돌발 변수를 해결할 수 있는 능력은 인간에게 내재된 철학적 깊이에서 나오는 인간만이 가진 인간다운 능력이다. 이러한 능력이 빛을 발하는 대표적인 예가 바로 즉흥 연주다. 분위기와 상황을 즉각적으로 판단하여 그에 맞게 작곡하고 편집하여 연주하는 즉흥곡 말이다. 예상치 못한 즉각적인 해결책을 내놓을 수 있는 민첩성도 인간이기에 가능하다.

인공지능과 어느 스님이 제시하는 해결책과 해결 능력을 비교해 볼 수 있는 좋은 사례가 있다.

문제: 아들을 잃은 슬픔에 빠진 어머니가 그 슬픔을 이기지 못해 너무 힘든 시간을 보내고 있습니다. 어떻게 이 슬픔을 이겨낼 수 있을까요?

AI, 질문이 직업이 되는 세상

• 챗GPT의 조언:

아들을 잃은 슬픔은 매우 크고 깊은 것으로, 감정을 다스리고 슬픔을 이겨내는 데는 시간과 인내가 필요합니다. 모든 사람의 상실 경험은 독특하므로 모든 이에게 맞는 단 하나의 방법은 없지만, 다음은 일반적으로 도움이 될 수 있는 방법들입니다.

감정 표현하기: 슬픔, 분노, 두려움과 같은 감정을 솔직하게 표현하는 것이 중요합니다. 일기를 쓰거나 신뢰할 수 있는 친구나 가족과 대화를 나누는 것이 도움이 될 수 있습니다.

전문적인 도움 받기: 심리 상담사나 상담 전문가와의 상담은 슬픔을 처리하는 데 매우 효과적일 수 있습니다.

지원 그룹 찾기: 유사한 경험을 한 다른 사람들과 연결되어 있는 상실 지원 그룹에 참여하는 것도 위안이 될 수 있습니다.

기념하기: 아들을 기리는 행동을 통해 그의 삶을 축하하고, 슬픔을 긍정적인 방향으로 전환할 수 있습니다.

자신에게 시간 주기: 슬픔을 이겨내는 데는 시간이 필요합니다. 자신에게 슬퍼하고 치유할 시간을 주세요.

건강 유지하기: 규칙적인 운동, 균형 잡힌 식사, 충분한 수면은 신체적·정서적 건강을 유지하는 데 도움이 됩니다.
창의적인 활동: 예술, 음악, 취미 생활과 같은 창의적인 활동에 몰두하는 것은 감정을 표현하고 처리하는 데 도움이 될 수 있습니다.

일상에 참여하기: 일상적인 활동에 참여하는 것은 정상적인 생활로 복귀를 돕고, 마음을 다른 것에 집중할 기회를 줄 수 있습니다.

소중한 것에 집중하기: 삶에 여전히 남아 있는 긍정적인 부분에 집중하려고 노력합니다. 가족, 친구, 취미 등에 감사함을 느끼는 것이 도움이 될 수 있습니다.

모든 감정은 정당하며, 슬픔을 표현하고 처리하는 것은 자연스러운 과정입니다. 어떤 사람들에게는 몇 달이 걸릴 수도 있고, 다른 이들에게는 몇 년이 걸릴 수도 있습니다. 중요한 것은 그 과정에서 자신을 돌보고 필요할 때 도움을 요청하는 것입니다.

• 어느 스님의 조언:

아들을 잃은 어머니의 사연을 들은 스님은 그 어머니에게 밖에 나가서 소금을 얻어 오면 슬픔을 이겨 낼 방법을 알려주겠다고 한다. 단, 집마다 돌며 소금을 한 줌씩 얻어 오는데, 반드시 방문하는 집의 일가친척 중 아무도 죽은 사람이 없는 집의 소금만 받아 와야 한다고 이야기한다. 그 어머니는 해결 비법을 얻기 위해 집마다 돌며 소금을 받으러 다니는데, 한 집 한 집 들르다 보니 어느 한 집도 가족 중 유명을 달리하지 않은 집이 없다는 사실을 알게 된다. 그런데도 평소처럼 일상을 살아가고 있음을 보게 된다.

혼자만 겪는 슬픔이라고 생각했는데 모두가 아픔 하나쯤은 다 안고 살고 있음을 깨닫게 되는 이야기로, 더는 슬픔에 빠지지 않고 힘을 얻었다는 이야기다. 어떤 해결책을 직접 제시하지는 않았지만 스스로 문제를 인지하고 해결책을 찾도록 하는 통찰력은 바로 인간이기에 가능하다.

아직 AI가 해결하지 못하는 문제들

아들을 잃어버린 상실감에 대해 인공지능과 사람이 내놓은 솔루션의 차이가 극명하다. 인공지능 시대에는 우리가 상상하지도 못한 문제들이 발생할 것이다. 지금도 해결하지 못한 생성형 인공지능이 만든 글과 작품에 대한 저작권 문제, 가짜 뉴스 등의 윤리 문제, 휴머노이드의 인격권 문제, 자율주행차 사고 시 책임 여부, 인간과 로봇의 결혼 등 산재한 문제들을 해결할 창의적 인재가 시대적으로 요구되고 있다.

2023년 세계지식포럼에서 온라인으로 대담한 샘 올트먼은 인공지능을 적극적으로 활용하라고 주문한다. 활용하다 보면 새로운 아이디어가 나오고 더 발전할 수 있기 때문이다. 생성형 인공지능으로 1인 기업도 빠르게 유니콘 기업이 될 수 있다고 말했다. 인공지능이라는 도구를 적극적으로 활용하면 가능하다는 이야기다. 인간의 지능을 수백 배에서 수만 배 뛰어넘는 슈퍼AI가 출현할 시기가 얼마 남지 않았다. AI라는 파도에 올라타려면 인공지능과 협업 가능한 나의 능력을 중·고등학교 시절부터 개발해 나가야 한다.

2장

가치 있는 지식을
만들어라

경험 없는 이론은 쓸모가 없다

"이론 없는 경험은 맹목적이고 경험 없는 이론은 공허

하다(Experience without theory is blind, but theory without

experience is mere intellectual play)."

–임마누엘 칸트

▶**이론 없는 경험은 맹목적이다**: 이론적인 개념 없는 경험은

단순히 사실의 나열일 뿐 심층적인 이해나 방향성이 부족하

다. 즉, 경험만으로 어떤 것을 제대로 해석하거나 의미를 부여

하기 어려울 수 있음을 강조한다.

▶**경험 없는 이론은 공허하다:** 이론이 실제 세상과의 연결이 없다면, 그 이론은 단순히 지적인 놀이에 불과하다. 이론이 경험과 연결되어 실용적인 통찰력을 줄 수 있어야 비로소 의미가 있음을 강조한다.

놀이 방법에 대한 설명서를 읽지 않고 막무가내로 노는 친구(왼쪽)와, 설명서만 쳐다보며 하나도 쌓지 못하는 친구(오른쪽)가 있다. 둘 다 제대로 블록을 쌓지 못하고 있다.

칸트의 이 명언은 이론과 경험이 서로 조화로워야 함을 강조한다. 지식을 습득하고 이해하는 과정에서 경험과 이론을 함께 고려하고 통합해야 진정한 이해와 지식을 얻을 수 있다는 중요한 원칙을 나타낸다. 어디로 가는지, 어떻게 가야 하는지, 아무런 정보도 목적도 없이 이루려고 하는 것은 맹목적일 수밖에 없다. 반대로 수없이 다양한 지식과 정보를 머릿속에 담고 있다 하더라도 행동으

AI, 질문이 직업이 되는 세상

로 옮기지 않고 시작하지 못한다면 그것은 지식 놀이밖에 되지 않는 공허함만 있을 뿐이다.

이러한 학습 분위기는 30년 전이나 지금이나 비슷하다. 대표적인 X세대인 나는 중·고등학교 시절 영어는 본문을 통째로 외웠고 수학은 공식을 암기해서 문제를 풀었다. 역사 또한 다르지 않았다. 연도와 인물을 달달 외웠다. 예를 들어, 중학교 시절 유명했던 〈징기스칸〉 노래에다 역사적 사실을 접목시킨 후 약간의 위트를 더해 외우기 편하게 편곡한 것이 전국적으로 유행했었다. 아직도 원작자를 알 수 없지만 징기스칸 팝송 음악에 역사적 사실을 개사한 이 노래가 입에 맴돈다. '땅따먹기 고수 고구려 광개토대왕', '한국 최초 목화 밀수꾼 문익점', '한글 창제 세종대왕'에 이어 '전자시계 만화시계 오리엔탈 카파'를 들먹이며 '물시계 해시계 과학자 장영실', '일본의 원수 이순신 장군' 등으로 개사해 학생들 사이에 크게 히트를 했다. 이런 방법은 영화 〈기생충〉에서도 나온다. 노래로 가짜 신분을 연습하는 장면은 전 세계의 화제를 낳기도 했다.

이렇듯 아날로그 시대의 학창시절엔 암기가 지식을 습득하는 유일한 방법이었다. 그런데 사회에 나와서 보니 그때 배웠던 지식은 다 어디로 갔는지 흔적도 없다. 그나마 잘 외워 기억해 둔 몇 가지 지식을 끄집어낸다 해도 사회생활에 쓸 일이 별로 없었다. 오히려 독서실 대신 운동장에서 축구 경기를 하거나 농구 등을 하며 함께 무언가를 열심히 했던 친구들이 사회생활을 더 잘하는 아이러니한 현상이 나타났다.

AI 시대에 더욱 중요해지는 실전 지식

사회에 나와 보니 동료와 상사의 인간관계, 고객과의 장기적인 신뢰 관계, 창의적인 기획서와 관중을 매료시키는 발표력, 문제 해결 능력 등 온통 새로운 능력이 필요하다는 것을 깨닫는 데는 그리 긴 시간이 필요하지 않았다. 학교에서는 전혀 배우지 못했던 실전 지식을 사회에 나와 다시 배워야 했다. 그뿐만이 아니다. 예견하지 못한 비상 상황이 발생했을 때 상황을 빠르게 판단하고 대처하는 능력이 부족함을 여실히 느꼈다. 스스로에게 물으며 자괴감에 빠지는 순간이 한두 번이 아니었다.

이러한 실전 지식은 AI가 고도화될 미래에는 더욱 중요해질 것이다. 2017년 잡코리아의 설문 조사에 따르면, 직장인의 41.8%가 되돌릴 수 있다면 전공을 바꾸고 싶다고 답변했다. 직장인 10명 중 약 4명에 해당한다. 대학에서 배운 전공 지식이 현업에 도움을 주는 기여도에 따라 만족도의 비율이 달라지는데 특히 전체 응답군 중에서 '전공에 매우 불만족한다'는 응답이 26.4%로 가장 높게 나타났고 '대체로 불만족한다'는 응답도 43.9%로 높았다. 2023년도 설문조사에서는 직장인의 78%가 되돌릴 수 있다면 전공을 바꾸고 싶다고 답변해 불만족 수치가 더 늘어난 것으로 나타났다. 대학에

서조차 학교에서 배운 전공 지식이 현업에 큰 도움이 되지 않았다는 현실은 중·고등학교 과정에서의 배움이 사회에 별 도움이 되지 않았다는 것과 일맥상통한다.

내 전공에 불만스러워하는 직장인
출처: 잡코리아

이런 현상은 중·고등학교 시절부터 주입식으로만 외워서 습득한 지식이 경험이 없는 앎이자 날것의 지식Raw Knowledge이라 정의할 수 있다. 이러한 지식으로는 해결할 수 없는 사회적인 변수가 너무 많아 위기 대처 능력이 떨어질 수밖에 없다. 그럼, 어떻게 경험과 지식을 조화롭게 습득할 수 있을까?

지식에 의미를 부여하라

DIKW**Data, Information, Knowledge, Wisdom**(데이터, 정보, 지식, 지혜) 이론에 따르면, 아무런 의미가 부여되지 않은 데이터를 '원시 데이터'라고 부른다. 이 원시 데이터에 어떤 목적을 부여해 가공이 되면 비로소 '정보'가 된다. 이 정보들이 체계화되는 과정을 거치면 '지식'이 되며 그 지식에 통찰력, 인문, 철학 등 깊은 고찰이 들어가면 '지혜'가 된다는 이론이다. 즉, 의미가 부여될수록 가치는 커지고 부여된 의미가 없을수록 가치는 떨어진다.

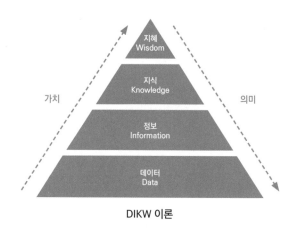

DIKW 이론

이와 마찬가지로 중·고등학교 시절 배운 지식에 어떤 의미가 부여되지 않는다면 그건 지식으로써의 가치12)가 떨어진다고 말할 수

---

12)   **가치**: 단순한 정적인 데이터에서 정보, 지식, 지혜가 되어 가는 과정처럼 가치란 여러 상황에 노출된 자신의 내면을 들여다보고 그 전과는 다른 감정과 의식이 가미되는 것을 말한다.

AI, 질문이 직업이 되는 세상

있다. 의미가 부여되지 않은 날것의 지식에 어떻게 의미를 부여해야 가치 있는 지식이 될까? 날것의 지식이 가치 있는 지식이 되려면 머릿속에 있던 것들이 밖으로 나와야 한다. 머릿속, 즉 뇌에 저장하는 것만으로는 지식이 될 수 없다. 문제에 부딪혀 해결점을 찾기 위해 비판적 사고를 하거나, 지식과 경험을 융합하여 창의적인 아이디어를 찾아내거나, 깊은 인내와 고민으로 새로운 해결점을 찾아 행동으로 옮겼을 때 비로소 '지식'이라고 말할 수 있다. 오류를 범하는 실수와 실패 속에서 얻는 해결 능력과 통찰력은 최고의 가치화 과정이다. 잘하지 못할까 봐 아무것도 하지 않는 것이 가장 위험하다.

유럽 축구를 예로 들어 보자. 경기에서 슛을 넣지 못했거나 수비를 잘하지 못했을 때 질책하기보다 왜 그런 실수가 나왔는지 원인을 분석하게 하고 실수를 줄이기 위한 해결 방안을 고민하게 한다. 이 과정에서 자신의 내면을 깊이 들여다보는 시간을 가지면서 자신만의 의미가 부여된다. 이건 마치 어린 시절 엄마에게서 받은 작은 선물이 내게 특별해지는 것과 같다. 특별한 감정을 느끼고 추억이 만들어지면서 특별한 관계가 형성되기 때문이다. 의미가 부여되는 시작점이다. 뇌 속에 저장된 지식들이 온몸의 오감을 자극함으로써 나와 특별한 관계가 형성되는 것이다. 그것은 머리가 아닌 몸과 마음이 기억하는 실용적 지식이 된다.

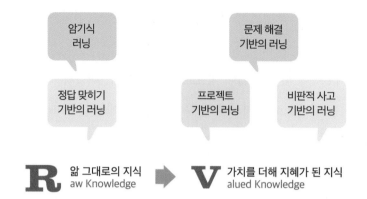

지식의 가치화 과정

이러한 과정은 주입식 교육 방식에서는 절대 불가하며 프로젝트 Project Based Learning, 문제 해결Problem Solving Based Learning 혹은 비판적 사고Critical Thinking Based Learning 기반의 배움에서만 가치 있는 지식Valued Knowledge을 키울 수 있다.

나만의 통찰력이 무기다

지식의 가치화Knowledge Value Chain를 위해 문제 풀고 맞히기, 외우기에 익숙해진 습관부터 바꿔 나가야 한다. 지식의 가치화 과정을 거쳐 얻은 나만의 의미가 담긴 통찰력은 지금 수준의 인공지능이 가질 수 없다. 잘 암기된 지식의 축적은 인공지능이 좋아할 잘 차려진 밥상에 지나지 않는다. 임진왜란이 언제 일어났는지 발발 이유 등 학습된 데이터에 기반한 질문에 대해 인공지능이 더 대답을 잘할 것은 불을 보듯 뻔하다.

인공지능은 암기하고 기억하고 패턴을 찾는 데 최적화되어 있다. 날이 거듭될수록 GPU(그래픽처리장치) 같은 반도체와 딥러닝 같은 소프트웨어가 함께 발전하면서 다양한 양질의 데이터가 폭증해 인공지능이 거듭 한계를 뛰어넘고 있다. 나이가 들수록 기능이 떨어지는 인간과는 정반대다.

2018년 영국의 《런던타임스Times of London》와 《텔레그래프 Telegraph》에 따르면, 로저 본Roger Bon이 이끄는 캘리포니아 대학교-샌디에이고 캠퍼스 연구원들이 시행한 연구에서 사람들은 매일 34기가바이트에 해당하는 데이터 정보에 노출된다고 한다. 즉, 유튜브를 비롯한 SNS, 인터넷, 전자 메일, OTT 서비스, 라디오, 신문, 책, 소셜 미디어 등 스마트폰을 통해 사람들은 매일 반나절(12시간) 동안(깨어 있는 시간 동안) 약 10만 5천 단어, 즉 초당 23개 단어에 노출된다. 이 단어들에 사진, 동영상, 게임 등을 추가하면 하루 평균 34기가바이트라는 데이터 수치에 도달하는 것이다. 하지만 데이터 양이 이렇게 많아도 대부분 단기 기억에서 장기 기억으로 넘어가지 않아서 상당수는 망각되고 만다.

그런데 여기서 반전이 있다. 인간은 나이가 들면서 암기하고 기억하는 기능은 떨어지지만, 그간의 숱한 경험에서 얻은 문제 해결 능력과 통찰력이 담긴 가치화된 지식을 만들어 가는 과정은 인공지능이 따라갈 수 없는 인간의 능력이라는 사실이다. 인공지능은 인간의 홍체를 학습해 비밀의 문을 여는 아이디인지 아닌지를 구분하지만, 홍채 속의 눈빛과 그 속에 담긴 슬픔과 기쁨, 분노와 행복 같은 감정은 알아차리지 못함을 기억해야 한다. 수학을 예로 들어 암기식 수학 공부가 아닌, 오감을 자극하여 수학 공부를 가치화해 나가는 방향을 제시한다.

<AI 시대 맞춤 수학 공부 방향>

암기식 수학 공부	AI 시대 맞춤 수학 공부
암기/주입식/수동적	상상력/자기 주도/직관의 중요성
복잡/이해하기 어려움/부분 퍼즐/핵심 파악 불가능	쉬움/심플/명료/빅픽처/핵심 파악
문제 풀이 요령 공부	원리 및 심층적 연결 구조 파악
텍스트/2차원	비주얼/3차원
공식에 의존해 단계적 문제 풀이	비주얼 도구를 이용해 사고 연결
논리로 파악	직관적으로 파악

AI, 질문이 직업이 되는 세상

3장

질문 천재가 되는
빅픽처 창의성 훈련법

질문하지 않는 사람들

인류학자인 클로드 레비스트로스Claude Levi Strauss는 이렇게 말했다.

"과학자는 정답을 말하는 사람이 아니라, 올바른 질문을 하는 사람이다."

스티브 잡스는 질문으로 정보를 찾고 지식을 융합할 수 있으며 문제를 해결할 수 있다고 했다. 질문은 인류학자나 철학자뿐만 아니라 과학자나 IT 기업가들에게서도 볼 수 있는 성공의 밑거름이다. 질문이란 현상에 대해 다른 각도로 생각할 수 있는 의문일 수 있고 어떤 문제 해결을 해나가기 위한 과정에서 나에게 던지는 물음이라고도 할 수 있다. 또한 모르는 것을 알아가기 위한 탐구도 질문이라고 할 수 있다. 흐름을 거스르기도 하고 방향을 틀기도 해야 하는 소리 없는 삐걱거림이다. 그래서 질문이 어렵다.

질문을 형태로 나누면 상대에게 질문을 던지는 것과 나에게 질문을 던지는 경우로 구분할 수 있다. 먼저 상대에게 던지는 질문을 보자. 집에서는 부모가 될 수 있고 학교에서는 선생님이 될 수 있다. 친구가 될 수도 있고 형, 오빠, 누나, 언니가 될 수도 있다. 이때 저학년 시절이라면 터무니없는 질문을 하는 경향이 있지만 그럼에도 성심성의껏 대답을 얻는 경우가 많다. 그러나 고학년이 되면서 정답을 찾는 헌터가 되어 질문할 기회가 줄어든다. 질문하는 법을 배우기보다 정답을 찾는 법을 배우는 데 집중하면서 결국은 질문하는 법을 잊어버린다. 특히나, 나 자신보다 남의 눈을 더 많이 신경 쓰는 문화에서는 자신의 질문이 저평가되거나 비웃음을 사지 않을까 하는 두려움에 더욱 질문하기를 어려워한다. 질문하지 않는 사람들이 질문하는 사람들을 평가하는 아이러니한 상황이 펼쳐진다.

두 번째는 나 자신에게 질문을 던지는 경우다. 이것은 자신의 내면을 들여다보는 것으로 생활에서 일어나는 모든 현상에 대해 의문을 품는 것이라고 말할 수 있겠다. 위대한 과학자나 철학자들은 이러한 질문에 익숙하지만, 우리에겐 쉽지 않은 일이다. 가정과 학교의 교육 환경에서 현상을 뒤집는 의문을 던지는 연습을 한 적도 없었을뿐더러 깊은 사고를 할 시간적 여유도 없었다. 더군다나 쇼츠나 릴스 등 짧은 동영상에 익숙해진 습관으로 인해 한곳에 집중하고 몰입하는 집중력이 갈수록 떨어지고 있다. 현상을 그대로 받아들이는 데는 익숙하지만, 그 현상을 뒤집어 놓을 '의문'을 가지라니 얼토당토않다. 우리는 질문하는 법을 점차 잊어버리게 되는 것이다.

정답을 찾는 데 익숙한 습관을 바꿔야 한다. 시험 문제지 풀듯이 정답을 찾는 습관은 정답이 없는 세상에서는 필요치 않다. 질문은 틀리고 맞음이 없다. 그래서 그 누구도 옳고 그름을 평가할 수 없다. 질문은 마치 눈사람과 같아서 하면 할수록 어느 쪽으로 굴러가도 질문의 크기가 커진다. 정해진 답, 정해진 방향, 정해진 규칙을 파괴하면 질문의 자유로움을 느낄 수 있다. 의문투성이인 세상에 정답을 찾는 헌터가 아닌 '질문러'로서 첫발을 내디뎌 보자!

꼬리에 꼬리를 무는 질문: 빅픽처 창의성 훈련법

질문에 질문이 꼬리를 물어 지속적인 사고를 하려면 질문을 파고드는 노력이 필요하다. 지식의 깊이와 비판적 사고, 토론과 대화 참여 그리고 실제 사회 문제에 대한 관심이 많은 도움이 된다. 다음의 표를 보고 참고해 보자.

<질문력을 키우기 위한 방법>

능력과 노력	방법
지식의 깊이 -광범위한 독서와 학습	역사, 과학, 문학, 예술 등 다양한 분야를 관심 있게 탐구해 다양한 아이디어와 개념을 접하면 깊이 있는 질문을 하는 기반이 된다.
비판적 사고 -틀을 틀어라	정보를 단순히 받아들이는 것이 아니라, 그 정보가 어떻게 구성되었는지, 어떤 가정에 기반하고 있는지, 그리고 그것이 갖는 한계나 오류는 무엇인지를 생각해 보아야 한다. 이런 틀을 조금씩 비틀면 다르게 보이면서 비판적 사고가 시작되고 질문 수준이 올라간다.
토론과 대화 참여 -새로운 관점	다른 사람들과 나누는 대화와 토론은 새로운 관점을 제공하고 다르게 생각하는 법을 알게 한다.
실제 사회 문제 분석 -세상일에 관심	사회에서 일어나는 사건과 문제에 관심을 가지고, 왜 그러한 일들이 발생하는지, 어떻게 해결할 수 있는지에 대해 생각해 본다.

이러한 방법으로 자신만의 독특한 질문을 만들어낸다. 질문을 통해 지식을 깊게 이해하고, 문제 해결 능력을 향상시킬 수 있다. 질문하는 능력은 단순히 학업적인 성공을 넘어서 평생 학습으로 이어져 개인의 성장에도 핵심 역할을 한다.

내가 영국에서 생활했을 때 목격했던 일이다. 기차를 타고 런던으로 들어가는 기차 안이었다. 엄마가 다섯 살 정도 되는 아이와 함께 앉아 있었는데 아이는 쉼 없이 엄마에게 이것저것 말을 걸고 있었다. 엄마는 매우 피곤해 보이기도 했는데 아이의 말에 대답을 잘 해주었다. 아이가 워낙 쉬지 않고 질문을 하는데 엄마가 용케 잘 견디고 있었다. "이건 뭐야? 저건 뭐야? 이건 왜 이래?" 아마도 한 번쯤은 "이제 질문 좀 그만할래?"라고 말하고 싶은 때가 있지 않을까 싶었다. 그때쯤이었나 보다. "넌 안 피곤하니? 제발….." 피곤한 엄마의 목소리였다. 3일 정도는 잠을 못 잔 것 같은 얼굴로 아이에게 사정하다시피 말했다. 엄마가 얼마나 힘들까 생각하다가 불현듯 나는 아이도 피곤한지 궁금했다. 그렇다, 아이는 피곤한 기색이 없었다. 절대 피곤할 리가 없었다. 엄마는 피곤에 쩔어가지만 아이는 점점 기운이 샘솟고 있었다.

　사람은 태어나는 순간부터 호기심에 빠져든다. 모든 것이 새롭다. 그 새로움을 받아들이는 데 매우 적극적이고 진취적이다. 엄마의 목소리를 시작으로 먹고, 만지고, 보고, 듣고 느끼기 시작한다. 그러면서 더 많은 의문이 생기고 궁금해한다. 왜 이렇게 생겼을까? 저것은 대체 무엇일까? 너 나 할 것 없이 그렇게 우리는 모두 '질문러'로 태어난 것이다. 챗GPT 시대에 요구되는 질문 능력을 이미 갖추고 태어난 것이다. 그것의 기초가 바로 '호기심'이다. 가장 탐욕스러운 학습자이며, 작은 빛의 패턴이나 벽에서 춤추는 나뭇잎의 그림자와 같은 단순한 광경에도 경외감으로 눈을 크게 떴다. 각각의 소리, 접촉, 광경 속 세상의 무수한 복잡성을 이해하기 시작하면서 "고양이는 왜 그르릉거리는 걸까?", "하늘에서 비는 어떻게 내리는 걸까?" 질문은 점점 심오해진다. 장난감을 분해하여 작동 원리를 살펴보는 호기심은 우주의 신비를 풀고 있는 실험실의 미래 과학자를 꿈꾸게 하기도 한다.

정답은 인공지능의 몫

탐구에 대한 우리의 능력은 드러나는 것만큼 학습되는 것이 아니라, 질문하고, 탐구하고, 배울 수 있는 모든 기회를 통해 드러나는 것이 본질이다. 이렇듯 우리는 태어날 때부터 질문하는 능력뿐만 아니라 뭔가를 알아가고 이해하고 발견하고자 하는 뿌리 깊은 욕구가 있었다. 그런데 왜 고학년이 될수록 질문하지 않는 걸까? 오로지 대학 입시라는 목표와 시험 성적을 잘 받는 데만 집중된 것이 문제다. 비판적 사고보다 암기를, 질문보다 정답을 더 잘해야 하는 습성에 젖어 있기 때문이다. 이러한 일련의 과정은 그저 인공지능이 잘하는 걸 답습하는 것이다. 시험 문제에 대해 의문을 품기보다 정해진 답을 찾기 위해 공부하기 때문이다. 지금이라도 이미 태어나면서 가지고 있었던 나의 능력을 찾기 위해 습관을 바꾸어 보자. 다시 말해 숨겨 둔 그 능력을 끄집어내어라. 태어날 때부터 지녔던 꽁꽁 숨겨진 호기심과 질문하는 능력의 문을 열어라. 그 문을 여는 키는 지금 당장 실천하는 것이다.

질문은 정보를 얻는 수단이자 무한한 상상력과 상대와 교감 및 정서를 교류하는 능력이다. 또한 질문을 통해 모호함을 구체화할 수 있다. 이는 문제를 해결하기 위해 파고드는 질문으로 이루어진 빅픽처 창의성 훈련을 통해 가능하다. 빅픽처 창의성 훈련법은 키워드를 찾고 그에 대해 질문하고 연관된 키워드를 연결하면서 또 다른 질문을 해나가는 훈련을 하면서 자신에게 숨겨진 창의성을 끄집어내는 방법으로, 내가 오랫동안 아이들과 성인들의 창의성 계발에 접목해 온 훈련법이다. 철저히 연속해서 질문함으로써 무한한 상상력을 키우고 큰 그림을 그리면서 융합 능력을 키우는 과정이다. 문답식 토론 형태로 1인 혹은 2인 이상도 가능하다. 정해진 주제에 따른 과거, 현재 그리고 미래를 비교하여 키워드를 뽑아 여러 가지 정보 데이터를 엮어 새로운 해석을 만들어내는 과정이다.

다음은 얼마 전 진행했던 중3 학생과 빅픽처 창의성 훈련을 한 예시다. 이 학생은 전쟁과 전략에 관심이 많으며 네이비 실(Navy SEALs, 미국 해군 특수부대) 리더자로 전략을 구상하는 군인을 목표로 한다.

주제: 2023년 10월부터 시작된 이스라엘과 하마스와의 전쟁에 대해서 심층 분석하기

나 이 전쟁에 관한 주요 데이터를 키워드로 찾아보세요.

학생 하마스의 선제공격, 이스라엘의 반격.

나 하마스가 선제공격을 한 역사적 배경은 무엇인가요?

학생 이스라엘이 2천년 전에 갑자기 자신들의 땅이었다며 1950년쯤 팔레스타인 지역으로 돌아와 지금까지 갈등을 빚고 있어요.

나 하마스는 땅굴을 가지고 있어요. 이스라엘은 이런 하마스를 어떻게 공습했을까요?

학생 미사일을 땅속으로 발사해 폭파했을 것 같아요.

나 그건 아날로그형 전쟁이죠. 우크라이나와 러시아 전쟁 및 다른 전쟁과 비교해 다른 점을 키워드로 뽑아 보세요.

학생 탱크, 드론, 인공지능, HIMAS(하이마스 로켓), 가짜 뉴스.

나 왜 가짜 뉴스라는 키워드를 뽑았나요?

학생 이스라엘이 하마스 병원을 폭격해 그곳에 있던 아이들이 다 죽었다는 영상을 봤는데 그 아이들이 인형이었다는 뉴스 등 가짜 뉴스가 많았어요.

나 이런 영상은 왜 나돌았을까요?

학생 여론몰이를 하기 위해서요. 우크라이나 전쟁에서도 가짜 영상이 많았죠.

나 이런 가짜 영상이 아날로그 형태에서는 어떤 거였을까요?

학생 전단지나 라디오 방송?

나 그렇지요. 전쟁에서도 디지털 기술이 접목되고 있어요. 아날로그와 디지털의 혼합 형태를 하이브리드 전쟁이라고 해요. 하이브리드 전쟁이라는 키워드와 연결하여 이스라엘의 공습을 다시 생각해 보세요.

학생 음… 땅굴에 로봇을 투입했을까요? 로봇, 통신?

나 맞아요. AI가 장착된 킬러로봇들이 투입되어 부비트랩 및 하마스의 기습 공격을 통제해서 안전을 확보한 후 하마스의 땅굴에 진입했어요. 이스라엘 군인은 탱크와 총 외에 어떤 기술을 더 연마해야 할까요?

학생 IT, 통신, 로봇, 빅데이터.

나 이스라엘이 이러한 하이브리드 전술이 가능한 이유는 무엇인가요?

학생 이런 날을 예상하고 미리 준비를 계속해 왔기 때문이지 않을까요?

나 '이스라엘은 IT 강국'이라는 관련 정보를 줄 테니 한번 키워드를 찾아보세요.

학생 IT 기술, 마케팅, 끈기.

나 이 전쟁을 보면서 앞으로 하고 싶은 네이비 실 리더가 갖춰야 할 역량을 5가지 키워드로 말해 보세요.

학생 인공지능, 통신, IT, 드론 조종, 융합적인 사고.

나 그렇게 생각하는 이유가 무엇인가요?

학생 리더는 전략가이고 앞으로 로봇 솔저들을 통솔할 수 있어야 해요. 그러기 위해서는 인공지능과 IT 능력은 물론 AI 로봇 솔저와 휴먼 솔저가 원팀으로 협업할 수 있도록 하는 것은 물론, AI가 예측하지 못해서 발생하는 예기치 못한 상황에 대처할 수 있어야 합니다.

나 지금 학교에서 배우는 과목 중 그러한 능력과 연계되는 건 뭔가요?

학생 수학, 화학, 물리 그리고….

나 '문명의 충돌'과 하마스와 이스라엘 간의 전쟁을 접목해서 설명해 보세요.

학생 미국의 로봇 공학 관련 기업 보스턴 다이내믹스(Boston Dynamics)의 휴머노이드 킬러로봇 등이 인공지능으로 무장된다면 전쟁의 전략과 국제 관계가 근본적으로 바뀔 것 같아요. 우크라이나 전쟁의 드론 공격이나 이스라엘과 하마스 간의 실제 전쟁에서의 첨단 로봇 침투로도 그것을 알 수 있어요. 이스라엘(유대교)과 하마스(이슬람)의 종교 갈등이 인공지능 기술에 대한 의존도를 높이면서 새로운 아날로그와 디지털의 충돌을 보여 주는 것 같아요. 그래서 앞으로 로봇 솔저를 리딩하는 군인 지휘관이 되려면, 단순히 군인으로서 능력과 체력이 좋은 것을 넘어서 전투 실력과 로봇 시스템에 대한 이해와 뛰어난 현실 판단력이 중요할 것 같습니다.

AI, 질문이 직업이 되는 세상

<A군의 빅픽처 창의성 훈련을 통한 통합적 사고 확장 과정>

단계	주요 연결 키워드	조언 및 리서치 방향	융합 단계 발전 포인트
1	하마스의 선제공격, 이스라엘의 반격+ 킬러로봇	-이스라엘과 하마스 간의 지난 2천 년간의 역사적 배경을 연구할 것을 권함. -주제와 관련한 다양한 뉴스 소스 제공.	-킬러로봇 주제와의 연결이 처음에는 명확하지 않았음.
2	스팟 로봇, 하마스의 부비트랩 파괴와의 연관성	-이스라엘의 AI 로봇 군 적용 분야와 로봇 발전 배경 조사. -보스턴 다이내믹스의 로봇인 아틀라스와 스팟에 소개 자료 제공.	-하이브리드 전쟁에 대한 이해, 리더의 역량이 달라야 함을 인지하게 됨.
3	문명의 충돌	-이스라엘과 하마스의 충돌을 '문명의 충돌'이라는 미래 지향적 관점에서 생각해 보도록 조언. -이 개념과 전쟁에서 고급 로봇의 사용, 그리고 미래에 펼쳐질 스트롱 인공지능 간의 관계를 탐구하는 능력 배양.	-충돌의 기술적 측면(킬러로봇, 인공지능)과 사회정치적 맥락(문명의 충돌)을 통합해서 연결. -사고 능력이 디지털과 아날로그의 충돌로 확장됨.

이것이 빅픽처 창의성 훈련을 위해 학생들과 토론하는 방식이다. 빅픽처 창의성 훈련은 질문을 통해 정보를 찾고 키워드를 융합하며 전체 흐름을 끊임없이 사고할 수 있는 능력을 배양하게 된다. 이 과정을 통해 비판적 사고력과 창의성이 훈련되면 현상에 의문을 갖는 호기심과 질문력이 현저히 향상된다. 스스로 주제와 관련한 조사를 진행하고 핵심 키워드를 뽑아내고 또 다른 정보를 얻으

면 데이터와 연결하여 근거를 찾아가며 점점 사고력을 확대해 나가는 방식이다.

특히, 키워드를 뽑아내는 건 더 많은 사고력을 요구할 뿐만 아니라, 전체의 내용을 키워드에 포함시킴으로써 기억력에도 상당한 도움을 준다. 이런 방법으로 개인인 각자가 챗GPT와 함께 진행해 나갈 수 있다. 먼저 질문을 해서 대답을 얻을 수 있고, 역으로 챗GPT에게 질문을 던지라고 요구한 후 그에 대한 답변을 할 수도 있다. 꾸준히 훈련하면 질문 천재가 될 수 있다. 질문러의 역량을 개발하는 데 유용한 툴인 챗GPT를 잘 활용해 보자.

빅픽처 창의성 훈련 과정과 특징

1. 제시된 이슈에 대해 분석할 주제 정하기: 내가 찾고자 하는 것을 정확히 알기 위해 끊임없이 '내가 찾고자 하는 것이 무엇인가?'에 대해서 질문을 던진다. 특히 주제의 핵심 키워드는 '넓은 결과'와 '의미'를 시각화할 수 있어야 한다. 예를 들어, 하마스와 이스라엘 전쟁에서 새로운 기술인 킬러로봇 등장이 미칠 미래의 파장을 담아내 보는 것도 생각해 볼 수 있다. 그러려면 평소 일정한 시각화 자료를 접해 본 경험이 많으면 좋다.

• 추천 시각화 자료: 영화 〈미션 임파서블 7〉, 〈크리에이터〉, 〈팟 제너레이션〉, 〈메간〉

AI, 질문이 직업이 되는 세상

• 추천 도서: 『새로운 미래가 온다』(다니엘 핑크), 『호모 데우스』(유발 하라리), 『젊은 독자를 위한 이스라엘과 팔레스타인의 역사』(마틴 쇼이블레)

2. 핵심 키워드 연결하기: 전체 주제를 연결하기 위해서는 핵심 키워드를 유기적으로 연결할 수 있어야 한다. 전체가 하나로 연결되어야 하며, 5개 내외로 정리하는 것이 전체 흐름을 유추하기가 용이하다. 이번 주제에 연결했던 키워드는 다음과 같다.

하마스+이스라엘+전쟁+AI+로봇+2천 년 종교전쟁+문명의 충돌(디지털/아날로그)

3. 주제와 미래 연결하기: 미래 방향성이 뚜렷한 주제를 정해야 가치 있는 지식으로 발전시킬 수 있다. 이번 주제와 연결되는 미래 이슈는 다음과 같다.

AI 킬러로봇(터미네이터)+AI 윤리+스마트 시티+미래 모빌리티(SKY 택시 등)+AI 시대 가족 관계의 변화(로봇과의 결혼 이슈 등)

4. 챗GPT(음성 대화)와 영어로 토론하기: 챗GPT는 다양한 주제로 토론하기에 매우 유용하다. 특히, 앞에서 언급한 1~3단계 내용을 가지고 1시간 정도의 토론을 2~3회에 걸쳐서 진행해 보면, 자

신이 발견하지 못했던 새로운 시각과 방향성을 파악하는 데 도움이 될 것이다. 처음엔 한국어로 토론을 진행하다가 일정한 기간이 지나면 영어로 토론하는 습관을 기르면 좋다. 영어식 토론에 익숙해지면 한국식 토론과의 차이를 인지함은 물론, 영어식 논리 전개 방식을 자연스럽게 습득할 수 있다.

5. 주제에 대한 자신만의 결론 도출 및 노트 작성하기: 1~4번의 과정을 거쳐서 자신만의 결론 도출 및 데이터 축적을 위한 노트를 작성해 본다.

<빅픽처 창의성 훈련에 대한 결론 노트>

주제 설정과 자료 및 키워드 연결	
주제 및 목표	하마스와 이스라엘 충돌에서 킬러로봇과 같은 신흥 기술이 미치는 영향을 깊이 이해하고 시각화하기
빅픽처 창의성 훈련	자료 조사와 질문 그리고 키워드 융합으로 미래의 변화를 예상해 본다
참고 자료	-영화: 〈미션 임파서블 7〉, 〈크리에이터〉, 〈팟 제너레이션〉, 〈메간〉 -책: 『새로운 미래가 온다』 『호모 데우스』 『젊은 독자를 위한 이스라엘과 팔레스타인의 역사』
핵심 키워드 연결	-목표: 다양한 요소를 연결하여 통합된 내러티브 만들기 -키워드: 하마스, 이스라엘, 전쟁, AI, 로봇, 2천 년간 종교 전쟁, 문명 충돌

주제와 키워드 확장 및 토론	
연결된 주제	AI 킬러로봇, AI 윤리, 스마트 시티, 미래 이동성, AI 시대 가족 관계 변화
챗GPT와 토론 플랜	챗GPT와의 음성 토론을 통해 새로운 관점과 방향 탐색(하루 1시간씩, 3번 진행 예정), 차츰 영어식 토론으로 발전
훈련을 통해 얻은 이점	자료 조사 방법과 질문을 지속하는 방법 습득, 이스라엘과 하마스의 충돌에서 본 하이브리드 전쟁의 개념과 현실 파악, 첨단 기술에 따라 전략과 리더십의 변화 인지

결론 및 기대 효과

이스라엘과 하마스의 전쟁에 대한 포괄적인 이해를 갖추고, 현재 및 미래 시나리오에서 인공지능과 기술의 영향에 대한 광범위한 관점과 더 깊은 통찰을 얻었다.

빅픽처 창의성 훈련의 기대 효과
1. 다양한 정보 축적 및 토론을 통해 향후 나의 정체성과 철학 확립
2. 토론에서의 설득 능력 배양: 나의 논리적 전개 방식에 대한 점검 및 상대에 대한 설득 능력 향상
3. 연관된 주제에 대한 키워드 연결 능력: 지속할 경우 어떠한 주제라도 분석이나 연결 가능하며 결국 비판적 사고에 기반을 둔 창의성 계발 기대
4. 사고의 확장: 경험하지 못한 분야에 대한 선제적 지식 습득 기대
5. 변화하는 미래 준비: 상상하지 못한 미래가 다가오고 있는 만큼 두려워하지 않고 맞설 준비 필요

\<빅픽처 창의성 훈련 실천 노트\>

*주제에 대한 자신만의 결론 도출 및 데이터 축적을 위한 노트를 작성해 보세요.

주제 설정과 자료 및 키워드 연결	
주제 및 목표	
빅픽처 창의성 훈련 전개 방법	
참고 자료	
핵심 키워드 연결	
주제와 키워드 확장 및 토론	
연결된 주제	
챗GPT와 토론 플랜	
훈련을 통해 얻은 이점	
결론 및 기대 효과	

AI, 질문이 직업이 되는 세상

4장

파편화된 정보를
융합하라

그래도 영어를 배워야 하는 이유

얼마 전, 모 관공서에서 영어 연수 교육 프로그램을 심사했다. 제안사가 제출한 몇 주간의 영어 연수 프로그램을 보니, 10년 전과 비교했을 때 달라진 점이 거의 없었다. 그사이 영어 능력 향상을 보조하는 다양한 도구가 나왔음에도 검토되어 있지 않았다. 챗GPT 음성기능으로 회화 연습은 물론 토론까지 가능하다. 그런데 문법과 발음 등 교정, 토플을 넘어 SAT, GMAT 등도 쉽게 풀어 주는 환경이 전혀 반영되어 있지 않았다. 챗GPT로 영어 대화 및 토론을 잘할 수 있는 프롬프트를 가르칠 프로그램을 준비할 수는 없었을까?

그렇다. 영어로 챗GPT와 대화 및 토론할 수 있는 질문력은 10대들의 미래 생존 경쟁력을 좌우할 만큼 중요한 요소이다. 영어는 약 14억 명이 쓰고 있는 세계 공용어다. 어느 나라를 가든 의사소통을 할 때 영어는 기본 언어가 된 지 오래다. 인터넷의 55%, 유튜브의 66%가 영어로 되어 있다. 챗GPT의 학습 데이터 역시 92% 이상이 영어로 구성되어 있다. 한국어로 학습을 한 내가 한국어를 더 잘 알아듣고 대답하듯이 챗GPT도 영어로 된 책이나 논문, 신문 등을 통해 학습했기 때문에 영어에 더 빠르고 정확하게 반응한다. 그래서 영어로 질문해야 더 좋은 답변을 얻을 수 있다. 그럼 구글 번역기나 파파고 번역기를 쓰면 되지 않을까?

물론이다. 번역기는 아주 유용한 도구다. 세상에 나온 초창기 때와 달리 문맥을 이해하고 꽤 자연스럽게 번역을 해내고 있다. 이 정도라면 영어를 배울 필요가 없다고 생각할 만하다. 하지만 이러한 번역 기능으로는 영어의 섬세한 뉘앙스, 이중적 의미, 문화적 맥락 등을 완벽하게 포착하거나 전달하지 못하는 경우가 많다. 이런 미묘한 차이는 직접적 언어와 행동 양식에서 포착할 수 있기 때문이다. 특히 비즈니스나 외교에서 직접적인 언어를 사용하는 것은 큰 설득력을 가진다. 지난 2023년 11월 윤석열 대통령이 영국 국빈 초청 방문 시 찰스 3세가 한국어로 "영국에 오신 걸 환영합니다!", "위하여!"라는 한국말로 환영사와 건배사를 했다. 이 몇 마디

AI, 질문이 직업이 되는 세상

한국말은 영어로 "Welcome to the UK", "Cheers!"라고 한 것과는 느낌이 사뭇 다르다. 언어는 직접 사용할 때 문자로 전하지 못하는 무형의 감동을 줄 수 있다.

영어를 배우는 과정에서 얻은 지식은 단순히 언어 능력을 넘어서서 문화적 이해와 인지적 능력을 포함한다. 영어로 된 원서 문학, 영화, 음악 등을 직접 이해하면, 번역에서 놓칠 수 있는 작가의 원래 의도나 미묘한 표현을 경험할 수 있다. 우리나라 문학이 노벨 문학상을 받기 어려운 이유가 한국 문화와 정서를 담아낼 언어가 없기 때문이라는 것이 결코 허황된 이야기가 아니다. 이는 인공지능이 제공할 수 없는 각 개인의 성장과 경험 데이터라는 것과 일맥상통한다. 보조적인 수단으로, 언어를 직접 배우고 사용하는 경험을 완전히 대체할 수는 없다. 같은 말이지만 상황에 따라 그 뜻이 달라지고 표정에 따라 뉘앙스가 달라지는 것이 언어다. 똑같은 "밥 먹어."라는 말도 엄마의 목소리 톤이나 표정 혹은 전후 상황에 따라 그 뉘앙스가 달라진다. 그에 따라 우리의 반응도 달라진다. 실제 언어를 문자 그대로 이해하는 것과 그 안에 숨어 있는 문화와 전체 맥락을 이해하는 인지 능력은 소통에서 큰 차이를 보인다. 영어를 그저 문자적 의미로만 배웠다면 이제 미묘한 감성적 차이를 파악하고 깊은 소통이 가능한 영어를 배워야 한다.

방탄소년단BTS이 뉴욕 UN 본부에서 영어로 연설을 했다. 아이돌로서 그 자리에 선다는 건 놀라운 일이었다. 2018년 9월 첫 연설이었던 '목소리를 내자Speak Up'라는 주제로 젊은이들의 목소리를 크게 내어 자랑스러웠다.

이처럼 영어는 비즈니스, 과학, 기술 및 학계, 엔터테인먼트까지 글로벌 공통 언어다. 챗GPT 및 유사한 기술이 전 세계적으로 사용되는 시대에 영어에 능숙하면, 개인은 협업과 연구는 물론 광범위한 자료 조사, 정보 접근 등 다양한 국제 상황에 효과적으로 참여할 수 있다. 자신의 생각과 철학을 영어로 말하면서 목소리와 눈빛으로 전달할 수 있다.

또한 영어는 IT 기술에 접근하기 위한 통로이다. 인공지능 도구는 주로 영어에 적합하게 개발되고 최적화되어 있다. 영어를 마스터함으로써 첨단 기술의 접근과 도구를 보다 효과적으로 활용할 수 있는 기회가 생긴다. 이러한 기회를 통해 다양한 산업 분야에서 능력을 발휘할 수 있게 된다.

다시 말해, AI 시대의 영어는 단지 의사소통을 위한 것만은 아니다. 기술 발전의 잠재력을 최대한 활용하고 글로벌 담론에 참여하며 점점 더 상호 연결되는 세상에서 개인 및 직업적 발전을 강화하는 것을 의미한다. AI 시대에 영어는 생존 필수 요소이다.

파편화된 정보를 융합하라

우리는 정보의 홍수 속에 살고 있다. 인터넷, 소셜 미디어, 뉴스 채널 등에서 정보가 쏟아지고 있다. 그러나 파편화된 정보가 여기저기 흩어져 체계적으로 이해하고 활용하기에 어려움이 있다. 색깔도 모양도 다른 각각의 정보를 새로운 정보로 만들려면 영어 실력도 중요하지만, 융합 능력 또한 필요하다. 융합 능력이란 서로 다른 분야의 지식과 정보를 통합하여 새롭고 창의적인 해결책을 도출하는 능력을 말한다.

하지만 정보들을 융합만 한다고 좋은 정보가 되는 것은 아니다. 정보를 단순히 받아들이는 것이 아니라 질문을 던지고 정보를 검증하면서 논리적인 결론을 도출하는 과정이 필요한데 이를 위해서는 각각의 정보에 대한 비판적 사고를 먼저 가져야 한다. 이를 위해 파편화된 정보에 다음과 같은 질문을 던져 보자.

"이 정보의 출처는 신뢰할 수 있는가?"
"이 정보에 편향성은 없는가?"
"다른 관점에서 이 정보를 어떻게 볼 수 있나?"

이러한 질문을 통해 우리는 정보의 질을 평가하고 다른 정보와 융합할 수 있는 다양한 경로를 설정할 수 있다. 우리는 이미 앞장에서 빅픽처 창의성 훈련을 경험했다. 편향되지 않은 데이터를 모으기 위해 챗GPT는 물론, 영화를 비롯한 영상, 신문, 잡지, 논문까지 데이터 소스로 활용했다. 이를 통해 편향되지 않은 정보로 서로 다른 분야를 연결하여 새로운 지식으로 연결한 바가 있다.

이렇게 서로 다른 분야의 지식을 연결하는 것이 바로 '융합'이다. ○○ 관공서에서 '챗GPT와 스마트 시티'라는 주제로 강연을 한 적이 있다. 최신의 스마트 기술과 미래의 트렌드를 알아야 하는 관련 기관이었으므로 최적의 강의였다.

그분들의 이야기에 따르면 그동안 인공지능, 자율주행차, 데이터, 사물인터넷 등 미래 트렌드와 관련 기술에 대해 듣지 않은 내용이 없다고 했다. 그런데 이전 강연에서 들었던 기술을 자신들의 업무 영역에 어떻게 적용하고 활용해야 할지 전혀 연결하지 못하고 있었다. 이는 관련 기술 지식과 정보가 모두 따로따로 흩어져 있었던 것이다. 구슬도 꿰어야 보석이 되듯이 파편화된 정보를 모을 수 있는 '실'이 필요했다. 그것이 바로 콘텐츠다. 해당 지자체가 나아가야 할 스마트 시티는 시민들이 즐기고 누릴 수 있도록 자동화에 기반한 콘텐츠를 제공해야 한다는 것이다. 그러기 위해 다음과 같은 내용이 필요하다고 강조했다.

1. 당 지자체와 인접 지자체의 콘텐츠 플랜은 무엇인가?
2. 그 계획들을 자신들의 콘텐츠 플랜에 연결할 방법은 무엇인가?
3. 스마트 시티를 경험할 시민들에게 어떤 직접적 경험을 제공할 것인가?

4. 이 콘텐츠 플랜의 전체 아웃라인을 잡기 위해 챗GPT를 활용하라.

5. 실행을 위한 보고서와 발표 자료를 작성할 때 MS 365 코파일럿 생성형
   AI를 활용하라.

그러자 스마트 시티가 시민들에게 제공해야 할 융합적 큰 그림에 어떻게 첨단 기술을 적용해야 할지를 이해했다. 이러한 융합적 사고를 촉진하는 방법으로 마인드맵, 브레인스토밍 혹은 스캠퍼(SCAMPER, 대체, 결합, 적용, 수정, 목적 변경, 제거) 기법[13])이 사용되기도 한다.

스캠퍼 기법의 활용 7단계

스캠퍼 기법으로 융합 능력을 키워 보자. 창의력을 발휘하여 문제를 해결하거나 다양한 시각으로 접근해 새로운 아이디어를 창출할 때 도움이 된다.

1. Substitute(대체하기)

2. Combine(결합하기)

3. Adapt(적용하기)

---

13) **SCAMPER 기법**: 미국의 교육가인 알렉스 오스본(Alex Osborn)이 처음 고안한 브레인스토밍 기법을 발전시킨 것으로, 뒤이어 밥 에벌(Bob Eberle)이 1971년 저서 『스캠퍼(SCAMPER: Games for Imagination Development)』를 통해 교육용으로 적용하고 체계화했다.

4. Modify(수정하기)

5. Put to another use(다른 용도로 사용하기)

6. Eliminate(제거하기)

7. Reverse(뒤집기)

다음은 스캠퍼 기법을 활용한 예이다. 주제는 시계이다.

1. **Substitute(대체하기)**: 시계를 다른 것으로 대체할 수 있는가?

   예: 기존 시계 모드를 디지털 디스플레이로 교체.

2. **Combine(결합하기)**: 시계를 다른 제품이나 아이디어와 어떻게 결합할 수 있는가?

   예: 손목시계와 피트니스 트래커를 결합하여 걸음 수, 심박수, 수면 패턴을 측정.

3. **Adapt(적용하기)**: 아이디어를 적용할 수 있는 다른 것은 무엇인가?

   예 : 스마트폰에 사용되는 음성인식 기술을 스마트 워치(시계)의 개념에 접목.

4. **Modify(수정하기)**: 시계의 모양, 느낌을 어떤 식으로 바꿀 것인가?

   예: 손목밴드를 교체할 수 있도록 수정하여 다양한 색상과 스타일로 맞춤 제작.

5. **Put to another use(다른 용도로 사용하기)**: 다른 용도로 어떻게 사용할 수 있을까?

AI, 질문이 직업이 되는 세상

예: 시계를 집에 있는 다른 스마트 기기의 리모컨으로 사용하기.

6. Eliminate(제거하기): 유용성을 변경하지 않으면서 제거할 수 있는 것이 있는가?

예: 터치 스크린 인터페이스를 통합하여 물리적 버튼 제거하기.

7. Reverse(뒤집기): 어떻게 뒤집거나 재배열할 것인가?

예: 시간 표시를 보조적으로 유지하면서 알림, 앱 등 스마트 기능에 중점을 두어 시계가 단지 시간만 확인한다는 개념을 뒤집어 버리기.

스캠퍼 기법은 종종 각각의 정보가 서로 관련 없어 보이는 분야에서도 유용한 통찰을 얻는 데 적용할 수 있다. 대표적으로 서울의 올빼미 버스를 예로 들 수 있다. 올빼미 버스의 탄생은 버스나 택시 등의 교통 데이터 분석에서 나온 것이 아니다. KT의 통화 데이터 분석에서 비롯됐다. 이른바 '불금(불타는 금요일의 줄임말)'에 대중교통이 끊긴 시간, 택시를 잡기 위해 콜이 집중된 전화 데이터를 기반으로 탄생된 것이다.

이렇게 다른 분야의 정보지만 그와는 다른 분야에 융합하여 서비스를 개선하고 편익을 제공하는 결과물이 도출될 수 있다. 다음은 스캠퍼 기법을 통해 서울의 올빼미 버스의 도입과 운행 전략을 실제 분석해 보았다.

1. Substitute(대체하기): 통신 데이터로 교통 정책 분석에 유용한 데이터로

대체하기.

2. **Combine(결합하기):** 심야 택시 승·하차 데이터 500만 건과 KT의 통화 데이터 30억 건을 결합하여 심야 버스 노선 도입 결정.

3. **Adapt(적용하기):** 유동 인구 밀집도를 분석 후 유동 인구를 노선별, 요일별 패턴으로 분석해 심야 버스 노선 설정에 적용하기.

4. **Modify(수정하기):** 정류장 단위로 통행량을 산출한 뒤 요일별 배차 간격 조정에 활용 및 수요 증가에 따른 노선의 확대 및 수정.

5. **Put to another use(다른 용도로 사용하기):** 올빼미 버스 데이터를 활용하여 교통사고 줄이기 정책 및 청년 상권 활성화 등의 빅데이터로 활용.

6. **Eliminate(제거하기):** 신용카드 결제, 휴대전화 통화 이력 그리고 택시 스마트 카드 등의 데이터 분석을 기반으로 의사결정하여 경험에 기반한 사람의 '감'과 같은 비과학적 요소를 제거.

7. **Reverse(뒤집기):** 데이터 기반으로 기존에 존재하지 않았던, 사람이 없는 자율주행 심야 버스가 운행된다. 2023년 12월 4일부터 자율주행 심야 버스가 운행되고 있다.

이렇듯 서울시 올빼미 버스는 파편화되어 있는 각각의 빅데이터를 모아서 시민들이 원하는 서비스가 무엇인지 파악해 기획, 도입되었다. 빅픽처 창의성 훈련과 스캠퍼 기법 그리고 챗GPT를 활용한 데이터 정보 융합 능력을 빌드업하면 여러분의 AI 시대 미래는 완전히 달라질 것이다. 이제 공부라는 학업에서부터 편의점, 영화관 그리고 음식점에서 알바를 할 때도, 이러한 정보 조각을 모아서 데이터를 분석할 수 있는 빅픽처 창의성 훈련법 및 스캠퍼 기법을 적절히 사용해 보길 바란다.

서울시가 운행 중인 심야 자율주행버스 '심야 A21'
*출처: 내 손안에 서울

PART 3

짬재력
헌터가
돼라

청소년들의 가장 큰 고민은 자신이 무엇을 잘하는지 무엇을 좋아하는지를 잘 모른다는 것이다. 더욱이 어떤 잠재력이 있는지는 더욱 모른다. 일정한 패턴 속에서 보고 듣고 만나는 것들이 한정적인 상황에서는 더욱 그렇다. 안타깝게도 대부분의 10대들은 일상생활의 루틴이 정해져 있는 편이어서 더욱 그러하다. 그런데 또 꼭 그렇다고만 할 수는 없다. 대수롭지 않게 습관적으로 그냥 하는 것이 어쩌면 내가 잘하는 것임에도 모르고 스쳐 지나갈 수도 있다. 반복적인 생활로 나의 관심사와 잠재력을 찾지 못하는 경우도 있지만, 드러나 있는데도 알아채지 못해 무의미한 것이 되어 버리는 경우도 허다하다.

1장

내 잠재력은
내가 찾는다

사과에서 소믈리에까지

최근에 있었던 일이다. 2023년 9월 모 중학교에서 챗GPT와 미래 교육 강연을 하던 중 미래 진로에 관해 한 학생에게 물어보았다. "가장 좋아하는 것이 무엇인가요?" 그러자 그 학생은 과일이라고 답했다. 좀 당황스러운 답변이었다. 뭐라고 반응해야 할지 잠시 망설이다가 그 학생이 과일을 좋아하는 의도를 알려면 과일의 대상부터 좁혀야겠다고 판단하고 다음과 같이 질문을 던졌다.

나 과일 중에서 어떤 과일을 좋아하나요?
학생 사과입니다.

나 그러면 사과를 먹는 것을 좋아하나요? 사과의 빛깔을 좋아하나요? 아니면, 모양을 좋아하나요?

학생 사과마다 특별한 맛이 저에게 매우 흥미롭게 다가옵니다.

나 어떤 점에서 그러한가요?

학생 어떤 사과는 산미가 두드러지고요, 어떤 사과는 단맛이 강하지만 개운하지 않구요, 어떤 사과는 약간의 짠맛도 느껴지지만 이상하게 중독성이 있어요.

나 자, 여기 계신 학부모님들께 여쭈어볼게요! 앞으로 이 학생은 어떤 직업을 준비하면 밝은 미래로 나아갈 수 있을까요?

학부모 소믈리에Sommelier를 하면 잘할 것 같아요!

한 학부모가 이 학생의 잠재력에 딱 맞는 직업을 제시해 주었다. 2023년 3월 미셸린 가이드에 나온 와인 소믈리에 업무에 대한 한 유명 와인 소믈리에 이야기를 옮기면 다음과 같다.

"소믈리에를 보통 와인을 추천하고 서비스해 주는 사람이라고만 단순히 생각하는 분들이 많으세요. 저를 찾아 주는 손님들이 있을 때 제가 능력을 펼칠 수 있는 무대를 항상 살피면서 특색 있는 와인 리스트를 만들어 나가는 동시에 재고 관리도 할 줄 알아야 합니다. 그렇지 않으면 항상 그 자리에 멈춰 같은 와인으로만 손님들을 만나게 될 테니까요. 저는 와인 리스

AI, 질문이 직업이 되는 세상

트를 만드는 것 자체가 소믈리에의 색을 증명하는 방법이라고 생각해요. 그래서 저의 와인 리스트에 대한 자신감과 애정이 대단히 큽니다. 손님들과 끊임없이 소통하는 것도 중요해요. 저를 찾아 주는 손님들이 있을 때 제가 능력을 펼칠 수 있는 무대도 만들어지니까요.”

이 인터뷰를 바탕으로 한 와인 소믈리에에게 필요한 자질의 키워드는 다음과 같다.

특색 있는 와인리스트＋재고 관리＋자신감＋애정＋소통 능력

이 키워드를 연결하여 설명하면 다음과 같다. 특색 있는 와인 리스트를 고객에게 추천할 수 있으려면, 와인에 대한 폭넓은 지식과 경험이 필수적이다. 와인의 역사, 생산, 품종, 양조 방식, 테이스팅 노트 등에 대한 지식을 갖춰야 하며, 다양한 와인을 시음하고 평가하는 경험이 풍부해야 한다. 특히 와인의 맛, 향, 색, 질감 등을 정확하게 구분하고 평가할 수 있어야 하며, 각 와인들이 어떤 고객층에게 어울리는지, 연도별·계절별·날씨별 고객들의 심리에 따른 구매 현황 등을 파악해야 재고를 관리할 수 있다.

이러한 고객들의 수요에 맞춰서 와인 시음의 기본 원리와 기술을 익히고, 다양한 와인을 시음하여 자신의 소믈리에 차별성을 부

각시켜야 자연스럽게 와인 소비가 증대될 것이다. 이것은 마케팅 실전 능력과 연결된다. 자신감+애정+소통 능력은 결국 고객에 대한 서비스 및 커뮤니케이션 능력과 연결된다. 고객의 취향과 분위기에 맞는 적합한 와인을 추천하고, 와인에 대한 최신 정보를 제공하는 것도 포함된다. 또한 고객층이 내국인뿐만 아니라 외국인도 있고, 해외에서 개최되는 와인 대회에 참가하거나 해외의 유명 레스토랑에서 근무할 기회도 생길 수 있으므로 영어, 프랑스어 능력도 갖춰 두면 도움이 될 것이다. 와인 업계는 글로벌 시장이기 때문에 다양한 국가의 와인 전문가들과 교류하고 네트워크를 구축하는 것은 절대적으로 중요하다.

이 학생의 진로를 글로벌 소믈리에이자 나아가 소믈리에 데이터 전문가라고 한다면 다음과 같은 커리어 로드맵을 추천할 수 있다.

고등학교

중학교 졸업 후 충북생명산업고등학교와 같은 바이오 생명공학 특성화고등학교에서 와인에 대한 품종 및 토양, 즉 농업과 바이오 데이터에 관한 기초 지식을 배울 수 있는 학교에 진학해 경험을 쌓기를 추천한다. 좋은 와인 품종을 결정짓는 포도의 품종과 포도가 자라는 토양을 제대로 확인하는 것은 매우 중요하다. 또한 방학을 이용하여 레스토랑, 패스트푸드, 영화관 등에서 아르바이트를 하며 고객 응대 능력을 빌드업하는 것도 도움이 된다.

AI, 질문이 직업이 되는 세상

고등학교 졸업 후 대학진학(옵션1)

가능하다면, 대학은 인천 송도 글로벌 캠퍼스의 뉴욕주립대(스토니브룩) 기술경영학을 추천한다. 학생들은 무엇이 기술 변화를 주도하는지와 기술이 기업이나 사회에 미치는 영향을 연구하고 실습한다. 사회와 기술을 연계하는 과정인 공학경제학, 공학윤리학, 기술평가학과 의사결정, 마케팅, 프로젝트 관리 등 경영 기술, 창업 방법이나 산업공학 등도 선택해 공부할 수 있다.

고등학교 졸업 후 바로 취업(옵션2)

와인 전문 업체에서 판매 보조부터 시작해 훈련을 받은 후 일정 기간(최소 3년)이 지나면 와인 소믈리에로 브랜딩한다. 또한 이 시기에도 세종 사이버대학교 와인 소믈리에 학과나 유데미Udemy 같은 온라인 교육기관에서 계속 공부하여 배움을 소홀히 하지 않는다. 예를 들어, 세종사이버대학 와인 소믈리에 학과의 커리큘럼을 잘 이수한다면, 자신의 현장 경험과 융합되어 미래의 와인 소믈리에 데이터 전문가로 나아가는 데 도움이 될 것이다.

이 학생의 경우 와인 소믈리에만이 아니라 물의 맛을 추천하는 워터 소믈리에, 차 소믈리에, 전통주 소믈리에, 티 소믈리에, 사케 소물리에 등 다양한 영역에서 진로를 선택할 수 있다. 영역을 좀 더 넓히면 향을 다루는 조향사 중 향수를 디자인하는 퍼퓸 디자이너, 생활용품 등에 향을 입히는 퍼퓨머, 과자나 음료 등 식품의 향을 만드는 플래버리스트로도 진출할 수 있다. 이 학생의 미래 진로 확대 노트 샘플을 다음과 같이 정리할 수 있다.

<미래 진로 로드맵 샘플>

대상: 중2
예상 진로: 글로벌 소믈리에, 소믈리에 데이터 전문가
잠재력: 맛 감별

단계별 학업 및 커리어 플랜		
고등학교	진로 교육과정	생명 공학 및 농업 교육
	추천 학교	충북생명산업고등학교 또는 동급
	주요 학습	와인 품종, 토양 과학, 포도 재배에 관한 기본 지식
	방학 및 과외 활동	고객 상호작용 및 서비스에 대한 기초 기술을 쌓기 위해 고객 서비스(예: 레스토랑, 영화관)에서 파트타임으로 3년간 방학 및 주말을 활용하여 커리어 빌드업하기
대학 진학 (옵션1)	추천 대학	뉴욕주립대학교(스토니브룩), 인천 송도 글로벌캠퍼스
	전공 및 과정	컴퓨터 과학, 응용 수학 및 통계, 지속 가능한 발전, 기업가 정신, 기술 평가, 커뮤니케이션, 공학 경제학, 윤리학, 프로젝트 관리 등 사회와 기술을 연결하는 과정을 유기적으로 연결
	실무경험	글로벌 호텔, 와인바, 와인 전문회사 등에서 인턴십
	데이터 능력 개발 플랜	와인 소믈리에로서 데이터 특성을 이해하기 위한 프로젝트 설계 및 실행(3학년 때부터 진행)

AI, 질문이 직업이 되는 세상

바로 취업 (옵션2)	초기	와인 전문 회사의 판매(영업) 보조원	
	교육	숙련된 와인 소믈리에 밑에서 견습 과정을 거친다	
	기간	최소 3년 실무 경험	
	학업 과정 병행	세종사이버대학교 와인 소믈리에 학과 과정 또는 유데미와 같은 온라인 플랫폼을 이용 와인 소믈리에 과정 등록 후 최신 트렌드 파악하기	
커리어 플랜	와인 소믈리에	실제 경험과 지식 등을 결합하여 와인 업계의 데이터 전문가 되기	
	확장 커리어 전략	차 소믈리에, 전통주 소믈리에, 사케 소믈리에와 같은 특징 있는 소믈리에 직종에 종사하거나 향수 디자이너, 퍼퓨머, 조향사 등 향기 관련 분야로 확대 고려	
반드시 습득해야 할 기술	독특한 와인 리스트 (데이터화)	와인의 역사, 생산, 품종, 제조법, 시음 노트에 대한 이해와 맛, 향, 색, 질감 등을 구별하는 능력	
	재고 관리, 소통 능력	시장 동향, 고객 심리, 계절적 영향에 대한 지식을 통한 수요 체크, 자신감, 애정, 의사소통 기술: 고객 서비스, 와인 추천 및 글로벌 네트워킹에 필수 요소	
	언어 능력	글로벌 시장에서 상호작용 및 국제 대회 참가를 위한 영어 및 프랑스어 능력 빌드업하기, 챗GPT를 활용하여 외국어 커뮤니케이션 능력 기르기	
로드맵 하이라이트	실용적 마케팅	와인 시음 및 소믈리에 차별화에 대한 지식과 연결	
	고객 서비스 우수성	고객의 취향과 기분에 맞는 와인을 추천할 다양한 백그라운드 필요	
	글로벌 네트워킹	해외 와인 전문가와 인맥 구축 및 해외 와인 대회 참가	

슬기로운 진로 탐색 - AI를 활용하라

미래 진로를 무엇으로 선택하든 이 학생의 미각적 잠재력에 인공지능과 데이터를 융합하는 노력을 해야 한다. 물론 이러한 인공지능과 데이터 스킬 빌드업은 늦어도 고등학교 때부터 시작해야한다. 이렇게 말하면, 코딩을 떠올리는 경우가 많은데 하나씩 알아가는 지식이나 경험에서 얻은 통찰력을 카테고리로 구분하여 엑셀 파일로 꾸준히 정리해도 데이터로서 자산이 된다. 스스로 충분히 시작할 수 있는 데이터 영역이다.

위 사례의 학생이라면 사과의 종류, 생산일, 시식한 날짜, 시식한 시간, 색깔, 맛, 날씨, 나의 컨디션 등을 지속적으로 기록해 나간다면 반복적이거나 매우 독특한 패턴을 찾을 수도 있다. 색깔과 맛의 관계, 날씨와 맛의 관계, 그리고 나의 컨디션과 맛의 관계에서 중요한 단서를 찾아낼 수 있다. 그렇게 오랜 기간 데이터를 기록해 두면 코딩을 몰라도 챗GPT 4를 이용해 데이터 분석 및 시각화 자

데이터 분석하는 소믈리에

　　　　　　　　　　　　　　　AI, 질문이 직업이 되는 세상

료를 만들 수 있다. 그 내용이 방대하면 GPT 빌더(코딩 없이 나만의 GPT를 만들 수 있는 기능)를 통해 나만의 사과 맛 소믈리에 GPTs 서비스를 만들어낼 수 있다.

다음은 인공지능 시대에 인공지능과 협업 능력을 갖춘 소믈리에가 되기 위해 채택할 수 있는 전략이다.

1. 데이터 수집 및 분석: 소믈리에는 와인과 관련된 다양한 데이터를 수집하고 분석하는 데 집중하는 것이 필요하다. 포도 품종, 지역, 빈티지와 같은 기본적인 와인 특성뿐만 아니라, 시음 노트, 고객 선호도, 포도밭에 영향을 미치는 기후 조건과 같은 더욱 미묘한 데이터를 기록하고 분석하는 훈련을 늦어도 고등학교 시절부터 해야 한다.

2. 인공지능 기반 도구 사용: 예측 분석을 위한 인공지능 기반 도구를 사용하는 것은 게임 체인저가 될 수 있다. 그래서 파이썬, R, SQL 정도를 알아두면 유용하지만, 설사 모르더라도 챗GPT 4 혹은 MS 365 코파일럿 엑셀만 이용해도 와인 트렌드, 고객 선호도, 심지어 최적의 음식 페어링을 예측하는 데이터 분석이 가능하다. 그래서 중·고등학교 시절부터 챗GPT 프롬프트 마법사 경지에 도달해야 한다.

3. 데이터 전문가와 협력: 인공지능 및 데이터 분석 전문가들과 관계를 구

축하는 것은 소믈리에에게 복잡한 인공지능 솔루션을 구현하는 데 필요한 기술 지원을 받을 수 있을 것이다. 물론 인공지능이 그 역할을 대신할 테지만, 고급 경험 데이터를 많이 가지고 있을수록 특정 와인에 맞춤화된 인공지능 모델과 협동 마케팅을 진행하기가 수월하다.

위에서 언급한 소믈리에나 조향사의 경우, 어느 정도 도제식 훈련을 받으면 전문가로 인정받을 수 있겠지만, 이제 그들이 축적한 데이터가 고도화되면 인공지능이 이를 학습하여 와인 소믈리에 AI 로봇과 조향사 휴머노이드 로봇이 출현할 것이다. 미래를 막을 수는 없다. 이러한 변화에 맞춰 고급 소믈리에 경험 데이터를 인공지능에 학습시킬 전문가가 2025년 이후 요구될 것으로 보인다.

2024년 1월 9일에 개막한 CES 2024 디지털 헬스Digital Health 부문에서 혁신상을 수상한 아모레 퍼시픽은 하나의 기기로 입술 진단과 케어, 메이크업이 모두 가능한 신개념 뷰티 테크 디바이스인 '립큐어빔Lipcure Beam'을 선보였다. 이 뷰티테크 디바이스는 와인 소믈리에, 조향사 데이터와 결합되어 AI 뷰티 로봇 테크 디바이스로 발전하게 될 가능성을 보여준다.

2022년 중앙일보 기사에 따르면, 최고 와인 소믈리에의 연봉이 1억 원이다. 5년 뒤에는 와인 소믈리에와 그 데이터를 고도화할 비즈니스 분석가의 역할을 할 수 있는 와인 소믈리에 AI 테크 전문가의 몸값이 최소 3억 원은 넘어갈 것으로 예상된다. 앞서 이야기한

AI, 질문이 직업이 되는 세상

CES 2024 디지털 헬스(Digital Health) 부문 혁신상을 수상한 '립큐어빔(Lipcure Beam)'
*출처: 아모레 퍼시픽 홈페이지

전략대로 준비한다면 와인 소믈리에 로봇이 출현한다고 해도 이 학생은 그들과 협업 가능한 능력을 발휘할 수 있을 것이다.

1%의 능력은 0%가 아니다

위에서 제시된 미래 진로 설계 예시를 보면서 각자 자신의 잠재력을 확대해 보자. 그냥 넘겨버린 나의 잠재력을 알아채 보기 바란다. 무엇보다 자신의 잠재력에 스스로 한계를 두지 마라. 내가 하고 있는 것들이 앞으로 어떻게 확대해 나갈 수 있을지를 생각해 보라. 내가 좋아하고, 흥미를 가지고 오래 해도 지겹거나 힘들지 않은 관심사가 무엇인지 지속적으로 관찰하는 것이 무엇보다 중요하다.

지금까지의 나의 모습만으로 자신을 판단하고 평가하지 마라.

나에게 어떤 능력이, 어떤 잠재력이 있을지 알 수 없다. 나를 가장 잘 아는 것은 부모님도 선생님도 아니다. 바로 나 자신이다. 내가 아무 노력도 하지 않고 시도도 하지 않으며 부정적 미래를 단정하고 있다면 그 결과 역시 나로부터 시작된 것이다.

아직 늦지 않았다. 지금부터라도 달라지면 된다. 잘할 수 있을까 판단하며 두려워하지 마라. 그냥 해 보지 않은 것이라서 그런 것뿐이다. 무엇이 됐든 작은 것부터 시작하라. 그럼 절반은 한 것이다. 앞으로 나아갈 길에 나를 당당히 세우라. 그리고 그 길을 자세히 들여다보라. 나에게 숨겨진 작은 잠재력을 끄집어내어 확대시켜 나가라. 1%를 작은 능력이라고 생각하지 마라. 1%는 0%가 아님을 기억해야 한다. 거기서부터 시작이다. 하나씩 하나씩 확대시켜 갈 때마다 성장하는 나를 보며 기분이 좋아질 것이다. 작은 자신감이 쌓여 단단한 자존감이 된다. 없던 능력도 생긴다. 그것이 바로 인간이 시스템하에 훈련된 인공지능과 다른 점임을 기억하길 바란다.

2장

나의 호기심을 자극해라

평균의 종말

하버드 대학교의 경제학 박사인 타일러 코웬Tyler Cowen은 인공지능과 같은 지능형 기기들이 우리 세상에 등장함으로써 '평균의 시대'가 종말을 향해 가고 있다고 주장했다. 그는 이로써 1%의 강력한 엘리트 계층과 나머지 99%로 계층이 분할되는 사회 구조의 출현을 예언했다. 2023년 챗GPT의 등장을 통해 우리는 인공지능의 놀라운 파워를 체감하였고, 이를 선도하는 1%와 그렇지 못해 1%를 따라가는 다수의 99%가 존재하는 미래를 직감하게 되었다. 엔비디아의 회장 젠슨 황Jensen Huang은 "당신의 직업을 위협하는 것은 인공지능이 아니라, 인공지능을 활용하는 사람들"이라고 말했다. 아리스토텔레스는 "호기심이야말로 인간을 인간이게 하는 특성"이라고 주장했으며, 아인슈타인은 "나는 천재가 아니다. 다만 호기심이 많을 뿐이다."라고 말했다. 특히 런던 비즈니스 스쿨 강사 그렉 옴Greg Orme은 인간의 호기심은 기계를 이길 유일한 초능력이라고 말했는데, 호기심의 중요성은 챗GPT의 등장 이후 더욱 부각되고 있다.

사람은 태어나면서부터 호기심으로 똘똘 뭉친 존재다. 태어나자마자 눈빛은 반짝이고 기어가기 뒤집기를 거쳐 걷기 시작하면서 온갖 물건을 만지며 맛보기 시작하다가 말하기 시작하면 호기심은 극에 달한다. 하지만 집-학교-학원을 오가며 우수한 성적을 받기 위해 공부라는 굴레에 갇히면서 호기심이 점점 사라지고 만다.

대치동식 학원 시스템에서 호기심은 모두 숨어 버렸고 그나마 초등 시절 좀 하던 음악, 운동, 미술은 중·고등학생이 되면서 한때 했던 부산물로 남게 된다. 심지어 이런 활동들은 조금이라도 입시와 연관되면, 철저히 입시 시스템에 맞추게 되고, 결국 자신이 하고 싶은 것은 입시라는 명목하에 부정된다. 이렇게 반복되는 입시 위주의 콘텐츠와 규칙적인 생활 방식에서 호기심이 발산되기는 어렵다. 고학년이 될수록 99%로 가득 찼던 호기심은 0%로 전락하고 결국 자신이 좋아하거나 관심 있는 것을 찾지 못하는 방향으로 간다. 이대로 중·고등학교 시절을 보내고 대학생이 된다면 대학 이

AI, 질문이 직업이 되는 세상

후의 미래는 불투명하다. 대학생이 인식하는 진로 장벽 유형 중 하나가 자기 자신을 파악하지 못해 불안한 유형이다. 내가 좋아하는 것, 잘하는 것이 무엇인지 모르며, 내가 원하는 미래도 모르겠다는 불안한 유형의 대학생들이 대다수다. 중고등학생들이라고 해서 다를 것이 없을 것이다.

한국에서 모범생이라는 건

미래의 길을 찾은 경우와 찾지 못한 실제 사례를 살펴보고 그들의 삶이 어떻게 달라지는지 알아보자.

"초·중학교 시절 학교에서 성적이 좋은 모범생이었어요. 영어만 잘하면 미국에서 자리 잡아 원하는 미래가 펼쳐질 거라고 나름 상상했어요. 그리고 'UN 같은 국제기구나 외교관이 되어야지.' 하고 막연히 생각했어요. 막상 미국에 와 보니 아무것도 준비된 게 없다는 걸 알았어요. 지금은 제 꿈이 무엇인지 모르겠어요."

A양은 한국에서 중학교를 마친 후 미국의 사립학교에 입학했으나 한국의 주입식 교육에 익숙해져 있다 보니 미국 학생들의 자유로운 토론 문화에 꿀 먹은 벙어리로 지내는 자신의 모습에 스트레스를 받고 있는 상황이다.

반면에 한국에서 초·중학교 때 성적은 뛰어나지 않았지만, 음악과 운동 등 자신이 좋아하는 것만 열심히 한 B군은 스스로 꿈을 찾아 인공지능과 데이터 사이언티스트의 길을 가고 있다. 내가 B군을 처음 보았을 그 당시에는 매우 자신감이 부족했었다. 학교에서 성적이 하위권이라는 이유 하나 때문이었다. 하지만 성적에 눌려 좋은 평가를 받지는 못했지만, 다른 학생들과 가장 달랐던 점은 음악과 운동을 무척 좋아했다는 것이다. 말수가 적었지만 음악과 운동에 관해 이야기할 때는 힘이 느껴졌고 그것을 알아차린 것이 그의 인생이 바뀌는 시작점이었다.

그는 미국 고등학교에 진학하면서 음악과 운동이 가진 소프트파워를 확장해 나갔다. 독주, 합주 그리고 즉흥곡 연주는 협업과 창의성으로 이어졌고, 운동을 통해 운동량과 운동 방법에 따른 신체 변화 등 데이터 분석 능력을 개발해 나갔다. 음악과 운동은 모두 자신과의 싸움을 전제로 한다. 이것은 멘탈을 단련하는 과정이다. 점차 그는 무엇이든 주도적으로 헤쳐 갈 자신감이 커졌다. 이렇게 확대된 능력은 곧 학업에도 영향을 미쳤음은 두말할 것도 없다. 한국에서 성적 부진으로 조용하고 인정받지 못했던 그가 미국 보딩스쿨에서 자신의 잠재력을 키워 나간 과정은 그야말로 놀라운 대반전이었다. 아마 그의 중학교 시절을 아는 지인들이 지금 그의 미래 진로 방향성과 성취의 결과를 보면 다들 놀랄 것이다. B군은 자신을 이렇게 회상했다.

AI, 질문이 직업이 되는 세상

"성적 위주의 학교 분위기에서 난 내가 잘하는 것이 무엇인지 알지 못했다. 오로지 공부로 평가되는 분위기에서 난 인생의 낙오자가 될 것으로 생각했다."

그의 말처럼 공부가 내 인생의 전부라는 굴레에 긴혀 지낸다면 자신이 잘하거나 관심이 있거나 내재된 잠재력을 찾을 기회를 가지기 어렵다. 따라서 학생의 본분은 공부라는 생각에만 사로잡혀 다른 환경을 접할 기회를 스스로 차단해서는 안 된다. 오로지 '공부' 하나로만 단정짓긴엔 여러분의 머리와 재능이 너무 '말랑말랑' 하다. 10대 여러분의 내면에 어떤 잠재력이 숨어 있을지 모르기에 자신의 숨겨진 재능을 찾을 수 있는 환경을 개척해 나가야 한다. 학업을 잘 해나간다면 그 학업 능력에서 얻은 재능을 미래의 현장에서 펼칠 경험으로 연계할 노력을 하고, 학업 능력이 부족하다면 그와 달리 흥미를 느끼고 있는 것을 찾아 먼저 훈련 후 학업에 적용하면 된다. 대부분의 남학생들이 좋아하는 게임을 예로 들면, 게임을 할 때 상대를 이기기 위해 목표와 전략을 세울 것이다. 그러곤 밥 먹는 것도 잊어버릴 정도로 집중할 것이다. 이러한 방법을 그대로 학업에 적용해 보자. 선택한 과목에 대한 학업 목표를 세우고 그 목표를 이루기 위해 자신의 시간 관리와 에너지 관리 등 전략을 세우며 몰입하면 된다. 작더라도 성과를 낸 것이 있다면 그것을 가능하게 한 경로를 잘 분석해서 다른 분야에 적용하면 된다. 그것이 바로 인공지능보다 인간이 잘할 수 있는 능력이다. 끊임없이 잠재력을 찾기 위한 생각과 노력을 잊지 마라.

내가 좋아하는 것을 찾는 법

도대체 내가 잘하는 것은 무엇이고 좋아하는 것은 무엇인지, 내 관심사는 무엇인지 등을 어떻게 알 수 있을까? 많은 중·고등학생을 상담하면서 공통적으로 학생들에게 필요한 활동들을 찾아보았다.

1. 놀이, 운동, 여행 등 외부 활동하기
2. 생활 패턴 바꿔 보기(하지 않았던 것들 해 보기)
3. 독서와 토론으로 다양한 토픽 접하기
4. 템플스테이 참여 등 명상과 혼자만의 시간 갖기
5. 입시와 관련 없는 다양한 강연 듣기(온/오프)
6. 자연·농촌 활동 등 몸을 움직이는 활동하기
7. 오래 해도 피곤하지도 지겹지도 않고 가슴 뛰는 게 있다면, 지금 당장 하기

정량적 데이터에 기반을 둔 수능이나 SAT 시대는 끝나고 정보를 융합하는 능력이 탁월한 창의적인 학생만 살아남는 인공지능 시대엔 다양한 경험을 쌓는 것이 중요하다. 미국의 스탠퍼드 대학교는 대학 입시에 SAT와 토플이라는 조건이 없다(학생이 원할 경우 제출해도 무관하다고는 되어 있다). 인공지능 분야의 탑TOP 대학인 카네기멜런

대학교CMU도 SAT는 선택 사항이다. 정형화된 점수 차로 창의적인 인재를 찾는 것이 점점 무의미하다는 것을 인지하고 있는 것이다. 여러분이 사회에 진출할 2030년대에는 더욱 독특한 자신만의 재능과 윤리적 가치에 기반한 인문학적 깊이를 지녀야 인공지능이 탑재된 사람 같은 로봇과 협업하거나 그것을 능숙하게 다룰 수 있어 생존할 수 있다는 것을 알아야 한다. 다양하고 불규칙한 환경에 스스로를 노출시켜라.

3장

부족해야
풍요로워지는 마법

물을 많이 주면 식물은 죽는다

수목원에서 열린 식물에 관한 강좌를 듣다가 손뼉을 치게 하는 부분이 있었다. 실내에서 식물을 키울 때 매일 물을 주는 것은 물을 주지 않느니만 못할 뿐만 아니라 자연의 순리를 거스르는 행위라는 것이다. 식물의 종류에 따라 물의 양도 다르고 키우는 방법도 다르다는 것은 알았지만, 자연과 결부시키지는 못했다. 식물에게 매일 물을 주는 것은 식물을 혼란에 빠트린다는 것이다.

야생에서는 연일 비를 퍼붓는 장마가 올 때도 있고, 한동안 비가 내리지 않는 가뭄에 시달릴 때도 있다. 덥기도 하고 춥기도 하고 건조할 때도 있고 눈이 올 때도 있다. 즉, 물을 많이 머금을 때도 있고 아예 물을 머금지 못할 때도 있는 것이다. 그것이 자연에서 살아가는 식물들의 습성이다. 그런 식물에게 예쁘다고 고이고이 모셔서 목마를까 봐 매일매일 물을 주는 건 바로 과유불급이요, 살아가는 방법을 역행하는 것이나 마찬가지다. 물을 주는 방법은 한 번 줄 때 흠뻑 젖게 주고 며칠간 주지 않는 것이 더 낫다는 것이다. 이건 동물들도 마찬가지인데 특히 호랑이의 경우는 일주일에 한 번은 꼭 금식일이 있다. 이것은 야생에서 가지는 동물의 본성과 야생성을 잃지 않기 위해서다. 요약하면 동식물에게 본연의 모습을 잃지 않게 하는 것이 바로 물과 먹이의 '부족함'이라는 사실이다.

'부족함'은 풍요로움을 만드는 힘의 원천이 될 때가 많다. 현대그룹의 창업자 고故 정주영 회장은 가난한 농부의 아들로 자랐다. 농부가 되기 싫어 소 한 마리 값의 돈을 아버지 주머니에서 훔쳐 도시로 나가 쌀 배달을 시작한 일화는 유명하다. "해 봤어?"라는 말로 불가능을 가능으로 만든 정주영 회장은 부족함을 항상 몇 배의 풍요로움으로 만드는 천재였다.

1970년대만 해도 기술도 돈도 부족해 큰 사업을 하려면 외국에서 차관을 들여와야 했다. 정주영 회장은 조선소 건립을 위한 차관 문제로 영국으로 건너갔다. 런던의 A&P 애플도어사의 롱바톰 회장을 만나 도움을 청했다. 그러나 롱바톰 회장은 "아직 선주도 나타나지 않고, 한국의 상환 능력과 잠재력도 믿음직스럽지 않아 곤

란하다."라며 거절했다. 그러자 정주영 회장은 바지 주머니에 들어 있던 당시 500원짜리 지폐에 그려진 거북선을 보여 주며 "우리는 수백 년 전에 철갑선을 만든 나라다. 우리에겐 배를 만들 능력이 있다."라며 관계자들을 설득했다.

거북선이 그려진 오백원 지폐

그것이 바로 지금의 조선산업 1위의 국가가 된 시초다. 정주영 회장의 이 대담함과 부족함을 가능함으로 만들어낸 발상의 전환은, 명량해전에서 일본군함 133척을 대적할 고작 12척 뿐인 배를 '아직 12척이나 있다.'라고 말한 이순신을 연상케 한다. 조건과 자원의 부족함에 굴복하지 않고 능력의 충분함을 만들어냈다. 그 부족함이 없었다면 그런 기발한 발상도 없었을 것이고 해내야 한다는 힘도 부족했을뿐더러 이런 대단한 성공스토리도 없었을 것이다. 부족함에는 채움의 미학이 있고, 새로운 것을 창조하려는 성공의 미학이 숨어 있다. 이것이 삶을 대하는 자세와 태도를 만든다.

AI, 질문이 직업이 되는 세상

성공한 기업인 중에는 수없이 힘든 길을 걸어온 경우가 많다. 삼성의 고㪍 이병철 회장은 고㪍 이건희 회장이 일본에서 유학하던 시절, 용돈을 넉넉히 주지 않으며 일부러 고생시켰다. 그러한 부족함 속에서 얻은 판단력과 문제 해결 능력은 삼성을 키우는 데 큰 원동력이 되었다.

부족함이란 나의 욕구가 충분히 채워지지 않은 상태라고 할 수 있다. 특히 법적·윤리적으로 문제가 되는 욕구라면 더욱 절제가 필요하다. 절제는 사회적 기준과 상관없이 마음 내키는 대로 할 수 없음을 알아가는 과정이다. 자고 싶을 때 자야 하고, 놀고 싶을 때 놀아야 하고, 먹고 싶을 때 먹어야 하며, 사고 싶은 건 사야 한다면 나의 욕구가 모두 충족되어 행복할 것 같지만 그렇지 않다. 예를 들어, 사고 싶은 옷이 있어 부모님에게 사 달라고 해서 즉각 산 물건과 먹고 싶은 것도 참아가며 알뜰히 용돈을 모아 오랜 기다림 끝에 자신의 힘으로 산 물건은 어떻게 다를까? 후자의 경우 시간이 오래 걸리겠지만 그 기다림을 거쳐 산 물건인 만큼 나에게 특별해진다. 더 사랑스럽고 더 큰 행복감이 밀려든다. 어떤 인내도 노력도 없이 저절로 갖게 된 물건과는 비교할 수 없다. 이건 마치 인간이 전적으로 인공지능의 답변을 그대로 맹신하는 것과, 인공지능이 최고의 답변을 할 수 있게 프롬프트를 고도화하려고 노력한 후 얻은 결과에 대한 가치가 완전히 다른 것과 같다.

미래로 나아가는 절제력의 마법

시대의 대전환 속에서도 자기 통제력으로 어려움을 극복하고 반전을 이룬 위대한 인물의 사례를 통해 인공지능 시대에 필요한 '절제' 능력을 살펴보자.

1. 에이브러햄 링컨

링컨은 정치명문가 출신이 아니라는 이유로 상대 진영으로부터 지속적으로 비난을 받았다. 하지만 링컨은 특유의 긍정적인 대처로 그 상황을 이겨냈다. 대표적인 사례로 1858년 상원의원 선거 당시 상대 후보였던 스티븐 더글러스가 지속적으로 "두 얼굴을 가진 이중인격자"라고 링컨을 비난했다. 링컨은 "만일 내가 또 하나의 얼굴을 갖고 있다면 이 자리에 이렇게 못생긴 얼굴을 들고 나왔겠어요?"라는 말로 청중들의 호응을 이끌어냈고 더글러스는 더 이상 링컨을 공격할 명분을 잃었다. 링컨은 화를 내는 대신 '절제력'을 발휘해 유쾌하게 비난을 받아넘겼다. 이러한 링컨의 절제력은 미국 남북전쟁 동안 갈등을 조정하고 남부와 화해를 추구하며, 심지어 전쟁에서 패한 적과도 가급적 소통과 협상을 하려는 노력을 보여 주었다. 분열된 미국을 하나로 유지하는 데 결정적인 역할을 했으며, 나아가 노예 해방과 같은 근본적인 사회 변화를 이루어냈다.

2. 마하트마 간디

인도 독립운동가 간디의 삶과 사상을 이루는 기반은 '아힘사 Ahimsa'였다. 인도어로 '비폭력'을 뜻하는 아힘사는 의지나 모든 행동에서 모든 생명체에 해를 입히는 것을 삼가는 것을 의미한다. 생명에 대한 사랑, 신에 대한 사랑, 인간의 모든 행위에 대한 사랑, 심지어 자신에게 고통을 주는 자에 대한 사랑까지 포함하는 적극적인 의미를 담고 있다.

또 하나의 사상적 무기로 사티아그라하 Satyagraha가 있다. 이는 진리를 뜻하는 '사티아'와 파악한다는 의미를 가진 '그라하'를 합친 말이다. 이를 그대로 풀이하면 '진리를 붙잡는다'는 뜻이니, 진리의 힘을 믿고 인간과 진리에 끝없이 헌신하고 복종한다는 뜻이다. 간디는 자기 통제와 단식을 포함한 개인적 절제를 실천함으로써 인도 국민들을 통합하고 영국이라는 당시 최강의 제국주의로부터 독립을 이끌어 내며 전 세계 평화 운동에 영감을 주었다.

3. 넬슨 만델라

남아프리카 공화국의 지도자였던 넬슨 만델라는 아파르트헤이트(인종차별정책) 철폐와 흑인 인권을 위해 싸운 인물이다. 그는 케이프타운 앞바다에 위치한 로벤섬의 감옥에서 27년간 투옥 생활을 견뎌내야 했다. 넬슨은 대통령에 취임한 이후 잠정 헌법의 권력 분배 조건에 따라 연립 정권을 세워 국민 통합 정부를 수립했다. 그는 민족 화해와 협력을 호소하면서, '화해'와 '관용'이라는 톨레랑스 정신을 기초로 인종차별 체제에서 흑백의 대립과 격차를 시정하려고 노력했다. 이 과정에서 화해와 용서의 정신을 보여 주었다. 27년간 감옥에 갇히게 한 백인에 대한 분노라곤 찾아볼 수 없는 절제된 태도와 평화적 접근으로 남아프리카의 변혁을 이끌어 인종 간 대화와 화합의 상징이 되었다.

링컨, 간디 그리고 만델라의 사례는 인공지능 시대를 살아가는 여러분에게 다음과 같은 메시지를 던지고 있다. 이들은 자기 통제, 평화적 저항 그리고 인내력 등을 통해 역사적인 변화를 이끌어 냈으며, 시대의 변화와 어려움에 처할 때마다 개인적 감정을 절제하고 미래를 향해 나아갔다. 이들이 보여준 절제와 인내를 본받는다면 인공지능 기술을 책임감 있고 윤리적으로 활용할 수 있는 기반이 되어 줄 것이다.

위버멘시와 오버맨: 가치를 만드는 초인

인공지능 시대에 '절제'는 왜 중요할까? 인공지능의 발달은 정보 과잉으로 인한 분별력과 집중력의 상실로 이어질 수 있다. 인공지능에 지나치게 의존하는 것은 인간의 창의력과 독립적 사고를 떨어뜨릴 수 있다. 또한 거짓을 참인 것처럼 말할 수도 있다. 따라서 여러분이 앞으로 다루게 될 인공지능이 제공하는 정보를 선택하고 이용하는 데 있어 절제력을 갖는 것이 중요하다. 이는 우리 모두 기술을 통제하고, 기술의 지배를 받지 않도록 하는 데 핵심 역할을 해야 한다는 것을 뜻한다. 즉, 절제는 우리가 새로운 기술의 잠재력을 최대한 활용하면서도 우리의 인간성을 보호하고 발전시키는 데 중요한 기준으로 자리 잡게 할 것이다.

일단 자신의 행동에 책임을 져야 한다는 자기 통제력을 배우자. 마음이 가는 대로 행동하거나 말하지 않음으로써 절제의 힘을 키울 수 있다. 이는 장기적으로 리더십을 갖춘 성인으로 성장하는 데 주요한 요인이 될 것이다.

인공지능 시대에 필요한 것은 인공지능이 경험할 수 없는 가치 있는 경험 데이터를 얻는 것이다. 철학자들은 인내와 고통을 최고의 경험 데이터로 삼았다. 예를 들어 니체는 '운명에 대한 사랑'을 뜻하는 '아모르 파티Amor Fati'라는 용어를 만들었는데 이 개념은 고통과 상실을 포함하여 인생에서 일어나는 모든 일을 받아들일 뿐만 아니라 '사랑'해야 함을 시사한다. 니체 자신의 삶은 심각한 건강 문제와 정서적 어려움을 포함하여 고통으로 가득 차 있었다. 그러나 그는 이러한 경험을 철학적 통찰력의 풍부한 원천으로 활용했으며, 이러한 도전을 극복하는 것은 전통적인 도덕성을 초월하여 자신의 가치를 창조하는 개인인 '위버멘시(인간을 넘어선 자아)' 또는 '오버맨(슈퍼맨)'이 되는 과정에 필수라고 주장했다. 이러한 니체가 인생의 고통을 겪으며 얻은 통찰력은 인공지능이 쏟아내는 정보와는 그 가치가 다를 수밖에 없다.

미래에 우리 앞에 다가올 고도화된 인공지능은 어느 것이 진짜이고 가짜인지 알 수 없는 정보를 쏟아내며 인류를 교란시킬 가능성이 높다. 유튜브에 떠도는 가짜 영상, 사진 등에 속는 사람들을 우린 보고 있다. 이런 인공지능 시대에 양질의 정보를 가려내고 가치를 분류하고 판단해야 할 때, 제시된 데이터가 진짜인지 가짜인지를 구분하기 위한 파고드는 끈기와 포기하고 싶은 마음을 통제하는 절제력이 필요하다. 절제와 부족함이 미래의 인재로 성장할 수 있는 자양분이 된다는 것을 기억하라!

4장

익숙한 방식을
바꾸어라

특급열차 종착역을 바꾸는 공부

공부工夫라는 표현은 불교 종파 중의 하나인 선종을 통해 널리 퍼진 용어라고 한다. 이 단어는 원래 시간과 노력을 들여 불법을 열심히 닦는 것을 의미했다. 송나라 시대에 주자라는 대학자가 저서 『근사록近思錄』에서 송학의 선구자인 정명도와 정이천의 사상을 설명하며 '공부'라는 단어를 사용했고, 이후 유학자들 사이에 널리 퍼지게 됐다. 우리나라에서는 '공부'가 '工夫'로 고정되어 현재 우리가 아는 개념으로 굳어졌다. 반면 일본에서는 공부를 주로 '면강勉強(벤쿄)'이라고 하며, 'くふう(工夫)'는 한국어의 '궁리(하다)'와 유사한 의미를 가진다. 우리나라에서 면강勉強(벤쿄)은 '억지로 시키다'라는 의미로 해석된다.

일본에서 사용하는 공부의 개념을 한국어로 해석하면 학생들이 '억지로 하는 공부'라는 느낌으로 다가온다. 생활 속에서 느끼는 공부는 의무와 강제성이 부여된 학습 방법이라는 것을 감각적으로 느끼고 있는 것이다. 다음은 챗GPT에게 공부와 배움에 대해서 물어본 결과이다.

Q. '공부하다'는 어떤 뜻인지 알려주세요.

A. 공부한다는 것은 본질적으로 특히 독서, 연구 또는 실습을 통해 주제에 대한 지식을 얻는 데 시간과 관심을 기울이는 것을 의미합니다. 이 프로세스는 몇 가지 주요 측면으로 나눌 수 있습니다.

1. 지식 습득: 공부의 주요 목적은 특정 주제에 대한 이해나 숙련을 얻는 것입니다. 이는 책을 읽거나 강의를 듣거나, 실습 활동을 통해 이루어질 수 있습니다.
2. 연구 및 탐색: 공부는 다양한 출처에서 정보를 찾아내어 주제에 대한 이해를 넓히는 연구를 포함합니다. 이는 학술 논문을 읽거나, 실험을 진행하거나, 다양한 관점을 탐구하는 것을 의미할 수 있습니다.
3. 비판적 사고 및 분석: 효과적인 공부는 단순히 사실을 암기하는 것이 아

       AI, 질문이 직업이 되는 세상

니라, 정보에 대해 분석하고, 질문하며, 비판적으로 생각하는 것을 포함합니다. 이는 더 깊은 이해로 발전시키고 자신만의 해석이나 결론을 형성하는 데 도움이 됩니다.

4. 실습 및 적용: 배운 것을 실습하거나 실제 상황에서 적용하는 것은 공부의 중요한 부분입니다. 이는 문제를 해결하거나, 에세이를 작성하거나, 실험을 수행하는 것 등 공부하는 분야에 따라 다를 수 있습니다.

5. 유지 및 회상: 공부하는 데 있어 중요한 부분은 배운 정보를 유지하고 회상하는 능력입니다. 이는 요약, 기억 장치 사용, 정기적인 복습 세션 등의 기술을 포함할 수 있습니다.

6. 평가 준비: 종종 공부는 시험 또는 평가를 준비하는 것과 연관됩니다. 이는 단순히 자료를 이해하는 것뿐만 아니라 시험 상황에서 이해를 보여 줄 수 있어야 합니다.

7. 지속적인 학습: 공부는 일회성 이벤트가 아니라 지속적인 과정입니다. 새로운 정보가 제공되거나 이해가 깊어짐에 따라 지식을 지속적으로 업데이트하는 것을 포함합니다.

8. 개인적 발전: 학문적이거나 전문적인 이점을 넘어 공부는 개인 성장에 기여합니다. 호기심을 자극하고, 규율을 개발하며, 비판적 사고와 문제 해결 능력을 향상시킬 수 있습니다.

공부는 교실에서 받는 정규 교육부터 자기 주도적 학습에 이르기까지 다양한 형태를 취할 수 있습니다. 사용되는 접근 방식과 방법은 공부하는 주제와 개인의 학습 스타일에 따라 크게 달라질 수 있습니다.

Q. '배우다'는 어떤 뜻인지 알려주세요.

A. '배우다(learn)'는 지식, 기술, 행동, 태도 등을 새롭게 습득하거나 향상시키는 과정을 의미합니다. 이는 교육, 경험, 연습, 관찰 등을 통해 이루어질 수 있으며, 다음과 같은 여러 측면을 포함합니다.

1. 지식 습득: 특정 주제에 대한 이해를 증진하거나 새로운 정보를 얻는 것입니다. 예를 들어, 학교에서 수업을 듣거나, 책을 읽거나, 온라인 강의를 보는 것이 포함될 수 있습니다.
2. 기술 개발: 실제적인 기술이나 능력을 습득하거나 개선하는 것입니다. 예술, 스포츠, 공예, 전문 직업 기술 등이 여기에 속합니다.
3. 사회적 및 감정적 학습: 타인과의 상호작용을 통해 사회적 기술을 배우거나, 감정을 이해하고 관리하는 방법을 배울 수 있습니다.
4. 문화적 및 언어적 학습: 새로운 문화나 언어를 경험하며 그에 대해 배우는 것입니다. 이는 여행, 문화 교류, 언어 학습 등을 통해 이루어집니다.
5. 경험을 통한 학습: 직접 경험을 통해 배우는 것이며, 이는 실패나 성공을 통한 교훈을 포함할 수 있습니다.

AI, 질문이 직업이 되는 세상

6. 탐색 및 발견: 새로운 아이디어나 개념을 탐색하고 발견하는 과정을 통해 배우는 것입니다.

7. 예술적 감각과 창의력의 발달: 예술 작품을 창작하거나 감상하면서 예술적 감각과 창의력을 발달시키는 과정입니다.

배우는 과정은 개인에 따라 다양하게 경험될 수 있으며, 사람마다 선호하는 학습 방식이나 속도가 다를 수 있습니다. 또한 배움은 일생 동안 계속되는 과정으로, 개인의 성장과 발전에 중요한 역할을 합니다.

요약하면, '공부하다'는 주로 의도적이고 구체적인 활동으로, 특정 주제에 대해 주로 교과서를 읽고, 강의를 듣고, 연구하고, 자료를 검토하는 등의 구조적이고 계획적인 학습 활동을 말하며, '배우다'는 이론적인 학습뿐만 아니라 실제 경험, 관찰, 비공식적인 토론, 상호작용 등 다양한 상황과 방법을 통해 지식을 습득하는 더 넓은 의미의 과정이라고 말할 수 있습니다.

우리는 공부하고 있는가? 배우고 있는가? 우리는 목표를 정해 놓고 달성해 가는 학습 과정을 강조하고 있기에 공부를 하고 있다고 볼 수 있다. 즉, 중·고등학생들에게 '공부'는 '좋은 대학'이라는 목표에 도달하기 위한 수단이다. '대학 진학'이라는 틀에 미래를 끼워 맞추는 과정이라고 해도 과언이 아니다. 흥미가 무엇인지를 알기 위해, 삶에 임하는 자세를 배우기 위해, 다양한 분야의 지식을 얻기 위한 배움의 습관을 만드는 기반을 다져야 할 청소년 시기에 무엇을 하고 있는가? 오로지 이른바 'SKY 대학' 혹은 '의학 계열'이라는 종착지가 정해진 특급열차 티켓을 선점하기 위해 '공부'하고 있다. '공부'만 하는 것이 한국교육의 현주소이다.

배움이 즐거운 이유

성인이 되어서도 별반 차이가 없다. 대학 때는 학점과 취업을 위한 자격증 취득, 취업해서는 승진 시험 등 그 무엇이든 목표를 위해서만 공부를 하다 보니, 그때 얻은 지식들은 목표에 도달하면 흔적도 없이 사라져 버리는 허상과 같다. 목표로 두고 있는 그것이 인생의 종착역이 아닌 과정임을 인지해야 한다. 하나씩 단계를 밟아가면서 삶의 지혜를 터득할 수 있는 '배움'을 알아가야 한다. 공부는 일(노동)이고 배움은 즐거움이기 때문이다. 공부는 스트레스를 받지만 배움은 휴식이 될 수 있다. 100점을 받기 위한 공부는 힘들고 스트레스를 받는다. 그렇지만 친구들과 농구 대결에서 높은 점수를 얻기 위해 늦은 밤까지 하는 슛 연습은 몸이 고되어도 오히려 더 즐겁고 힘이 난다.

공부와 배움, 둘 다 목표를 달성하고 뭔가를 알아가는 과정인데 왜 공부는 힘들고 배움은 즐거울까? 배우듯이 공부하는 친구들은 공부도 참 즐겁다. 알고 있는 지식을 일상에서 유용하게 써먹을 때 그 희열은 매우 크다. 결국, 내가 목표를 스스로 세우고 즐겁게 하느냐의 차이가 공부와 배움을 가른다. 즐겁게 공부하는 습관을 들이면 평생 배움의 길로 가는 자양분이 될 것이다.

어떤 얼굴을 하고 있는가

인공지능 시대는 초 단위의 변화가 몰아친다. 늘 새로운 것이 등장해 눈앞에 펼쳐져 쉬지 않고 배워 나가야 하는 세상이다. 제자리걸음을 한다는 것은 뒤처짐과 같다. 계속 배워 나가지 않으면 그대로 도태된다. 학교에서 한 공부만으로 열심히 살았다고 착각하지 마라. 그것이 나의 미래를 보장하지 않는다. 학교 공부만으로는 사회생활에서 답을 찾을 수 없을 때가 너무 많다. 문제를 해결하는 방법, 상황을 이해하는 방법, 친구들과 싸우고 화해하는 방법, 자신의 이야기를 표현하는 방법, 토론하는 방법, 시간을 관리하는 방법 등 고루 배우고 익혀야 한다.

AI 전문가로 성장하는 핵심 Key

앞으로 여러분과 밀접한 인공지능 분야의 진로는 크게 인공지능 개발과 활용(혹은 적용)으로 나눌 수 있다. 인공지능 개발 영역은 인공지능 기술과 알고리즘을 개발하는 데 중점을 둔다. 머신러닝, 딥러닝, 자연어 처리, 컴퓨터 비전과 같은 핵심 분야가 포함된다. 인공지능 개발자나 연구원들은 새로운 인공지능 모델을 만들거나 기존 모델을 개선하는 등 다양한 기술과 알고리즘을 연구하는 기술적 업무를 수행한다.

인공지능 활용 및 적용 영역은 개발된 인공지능 기술을 다양한 분야에 응용 적용하는 것을 말한다. 예를 들어, 비즈니스, 의료, 교육, 자동차 등 다양한 산업 분야에서 인공지능 솔루션을 통합하고 사용하는 것이 여기에 해당한다. 이 분야에서는 기술적 지식뿐만 아니라 해당 분야에 대한 이해가 중요하다.

인공지능 분야는 처음에는 인공지능 개발 분야가 대세였으나 챗GPT 붐 이후에는 인공지능 활용 및 적용하는 응용 분야가 매우 빠르게 급성장하고 있다. 인공지능 개발과 응용 분야 외에도 인공지능 산업을 도모할 반도체, 클라우드, 통신, 데이터 등 인공지능 관

AI, 질문이 직업이 되는 세상

련 산업의 시장 규모가 커지고 있다. 이러한 인공지능 산업 분야 성장은 매일매일 새로운 걸 배우고 익히고 도전하는 삶을 살아가야 하는 것을 의미한다. 미래는 어떤 직업이든 다 마찬가지이겠지만, 특히 인공지능 분야를 희망한다면 꾸준히 배워야 한다. 인공지능의 기반이 되는 수학에 대한 기초가 탄탄해야 한다. 행렬, 미분방정식, 벡터, 복소수의 극좌표와 같은 영역을 깊이 있게 공부할 필요가 있다. 또한 대학에 가서 통계에 관심을 두는 것이 중요하다. 상관관계 및 회귀 분석과 같은 영역에서 인공지능은 통계적 접근 방식과 매우 연관이 깊다.

그러나 인공지능은 궁극적으로 인간 중심의 문제를 해결하기 위한 수단이다. 인류의 편익에 어떤 도움을 줄지 염두에 둬야 한다. 이것이 응용 분야다. 1장에서 설명한 경기도 말벗 서비스는 인공지능 기술이 독거노인들의 건강 관리에 적용된 사례다. 또한 인공지능 기술 발전이 윤리적 및 사회적 고려 사항과 일치하도록 인문학에 관심을 갖는 것도 필요하다. 어떤 분야든 기술적 능숙함과 동시에 공감과 통찰력을 필요로 하기 때문이다. 그래서 초·중·고 총 12년에 걸친 교육 과정은 인공지능의 미래를 책임지는 인격 형성의 기본을 만드는 과정이고, 성인이 된 후에 사회의 한 일원으로 성장할 자신의 능력을 찾아 학습의 기초 습관을 기르는 과정이다. 초·중·고를 마친 후 대학의 길로 가든 사회의 길로 나가든 인격 형성과 통합적 사고력이 탄탄하지 않은 10대는 결국 성인이 되어도 사회에서 좌절할 수밖에 없다는 것을 기억해야 한다. 인공지능 전성시대를 목전에 둔 중·고등학생들은 인공지능 개발 혹은 인공지능 활용 전문가로 성장하기 위해 '공부'에서 '배움'이라는 패러다임 전환이 필요한 시점임을 깨달아야 한다.

2025년부터 학교에서 경험하는 AI

교육부에 따르면, 2025년부터 인공지능 디지털 교과서를 도입하겠다고 발표했다. 이 교과서는 AI 기반 개인 맞춤형 학습 경험을 제공한다. 인공지능 분야는 철학, 수학, 경제학, 신경과학, 심리학, 컴퓨터 공학, 제어 이론, 사이버네틱스, 언어학 등 다양한 학문과 기술이 교차하는 융합적 분야이다. 이렇듯 인공지능의 통합적 특성은 표면적인 기술에만 초점을 맞추는 것이 아닌, 종합적인 이해가 중요하다고 강조한다. 단순히 수학 영역이라고 단정하는 우를 범하면 안 된다.

1장에서 이야기한 바와 같이 인공지능은 인간의 편익을 위해서 큰 역할을 하지만, 그 이면에 다양한 그림자를 동반한다. 미국의 인공지능 최고 대학인 카네기멜런은 수학 및 과학적 접근 외에 기술, 윤리 그리고 인문학적 접근까지 통합한 커리큘럼을 제공한다. 인공지능과 함께 살아가야 할 시대에 우리는 인공지능의 윤리적 문제와 인간의 본질을 더 부각하는 것까지도 고려한 인문학적 접근을 잊지 말아야 한다.

변화의 파도에 올라타라

타조는 맹수나 사냥꾼을 만나면 머리를 땅 밑에 숨겨 버린다. 그 큰 덩치로 긴 목을 뉘어 머리만 숨기면 안전하다고 생각하는 타조의 습성이다. 이것을 타조 증후군Ostrich Syndrome 이라고 한다. 위험이 눈앞에 닥쳤을 때 정면으로 돌파하여 문제를 해결하려 하기보다 현실을 부정하거나 문제를 회피하려 할 때 종종 타조에 비유한다.

타조 증후군(Ostrich Syndrome)

첨단 기술이 발전하면서 하루가 다르게 새롭다. 매일 새롭다는 것은 매일 그 새로움에 익숙해지기 위해 지금까지와는 다른 변화를 겪어야 한다는 것을 의미한다. 2023년 챗GPT가 본격적으로 일상속에서 사용되자 불안한 일자리 때문에 직장인, 특히 지식 노동자들의 위기의식이 컸다. 인공지능이 자신의 일자리를 대체할 수 있겠다는 가능성을 실제로 확인했기 때문이다.

그래서 챗GPT를 처음 접할 때는 놀라움과 경이로움이었지만, 마지막에 두려움과 공포를 느꼈다. 과연 그 두려움은 어디서 기인하는 것일까? 모두 한결같이 일자리 위기 때문이라고 말하겠지만, 실상은 변화에 대한 두려움, 익숙함을 버려야 한다는 두려움이 더 컸을 것이다. 4차 산업혁명의 특징으로 꼽히는 디지털 트랜스포메이션Digital Transformation(DT 또는 DX)으로 신규 기술과 애플리케이션을 기존 인프라에 통합하는 디지털화를 경험해야 했고, 코로나19로 또 한 번 큰 변화를 겪어야 했다. 코로나가 종식되면서 안정을 찾나 했지만 챗GPT의 광풍이 불어닥쳤다. 변화의 파도 앞에서 우리는 모두 피로감을 느꼈을 것이다. 그래도 그 변화에 정면으로 맞서 새로운 것을 시도하고 받아들여야 한다. 변화의 파도에 올라타야 그 두려움이 줄어들기 때문이다.

익숙함을 벗어나 낯선 도전을 즐겨라

패스트푸드, 일반 식당, 마트, 커피숍에서도 셀프 계산대가 직원보다 훨씬 많이 보인다. 은행도 점점 모바일 업무로 전환되면서 지점이 속속 사라지고 있다. 은행의 디지털 전환뿐만 아니라 학교에서도 변화의 물결을 피해 갈 수 없다. 2025년부터 인공지능 디지털 교과서의 출시로, 인공지능이 장착된 휴머노이드 로봇 교사의 시대도 준비해야 할 것이다. 여러분의 책가방엔 책과 공책이 아닌 노트북 혹은 공간 컴퓨팅 교실에서 사용할 XR용 헤드셋 하나만 있으면 되는 시대가 온다. 사무실에선 사람 같은 로봇 동료를 만나게 된다. 앞으로 10년 후면 무엇이 얼마나 변해 있을까?

우리의 생각과 일하는 방식에 근본적인 변화가 불가피하다. 이러한 변화의 물결 속에서 적응력은 더 이상 선택이 아닌 필수다. 예를 들어 한 번도 가 보지 않은 남극으로 혼자 여행을 간다고 가정해 보자. 남극은 극한의 환경이라 날씨 변화가 심하고 예측하기 어려운 상황이 발생할 수 있다. 특히 남극은 여전히 미지의 영역이 많아 학습과 탐험에 대한 열정을 가지고 여행에 임해야 한다. 날씨 예측, 위치 추적, 통신 등을 위한 첨단 기기를 갖추어야 한다. 남극의 극한 환경에서 생존하기 위해서는 우수한 신체적 조건이 요구되기에 추위에 대비한 철저한 체력 관리와 건강 상태도 확인해야 한다. 극한 환경에서의 생존 기술, 응급 처치, 환경 보호에 관한 지식을 미리 습득해야 한다. 쉽게 가볼 수 없고 한 번도 가보지 않은 남극 여행은 그 어떤 여행보다 더 철저한 준비와 자연에 대한 깊은 이해, 지속 가능한 탐험 등이 필요한 도전이자 모험이다.

앞으로 다가올 인공지능 시대에 적응하기 위해 우리는 모두 세 살 어린아이로 돌아가야 한다. 아무것도 무섭지 않고 마냥 신기해서 호기심 어렸던 그 시절로 말이다. 2023년 챗GPT의 돌풍을 실제 경험한 청소년들은 이제 낯선 것을 즐겨야 한다. 이것이 우리가 인공지능 시대를 맞이하는 기본 마음가짐이자 태도다.

PART 4

인간의
가치를
높여라

2022년 8월 서울의 한 카페에서 진행된 웹툰 작가 사인회 예약 과정에서 시스템 오류가 발생했다. 공식 트위터를 통해 그에 관한 사과문을 올렸다.

"예약 과정 중 불편을 끼쳐 드린 점 다시 한번 심심한 사과 말씀을 드린다."

이 사과문으로 한바탕 논란이 일었다. 바로 '심심한 사과'라는 문구 때문이었다. 당시 일부 네티즌들은 '심심한 사과'라는 표현을 제대로 이해하지 못해서 "심심한 사과? 이것 때문에 더 화나는데. 꼭 '심심한'이라고 적어야 했나.", "아 다르고 어 다른데 심심한 사과의 말씀이라니.", "제대로 된 사과도 아니고 무슨 심심한 사과?" 등의 댓글을 남겼다.

이날 논란이 된 '심심其深하다'라는 단어는 '마음의 표현 정도가 매우 깊고 간절하다'라는 의미이지만, 일부 댓글러들은 '하는 일이 없어 지루하고 재미가 없다'는 뜻의 동음이의어로 잘못 이해한 것이다. 문해력 부족에서 온 황당한 사회적 이슈였다.

1장

AI에게 패하지 않을
인간의 능력

사흘은 4일?

2021년 경제협력개발기구OECD의 '청소년 디지털 문해력 조사'에 따르면, 한국의 문맹률은 1% 정도에 불과하지만, 사실과 의견을 구분하는 역량을 측정하는 문항의 정답률은 25.6%로 OECD 평균(47.4%) 이하였다. 거의 평균의 절반 수준이다.

또한 최근 발표된 교육부와 한국교육과정평가원의 '국가 수준 학업성취도 평가 결과'를 살펴보면, 고2 학생의 경우 2019년 77.5%에서 2020년 69.8%, 2021년 64.3%로 성취도가 계속해서 하락했다. 같은 기간 중3 학생의 성취도 역시 82.9%에서 75.4%, 74.4%로 내려갔다고 발표했다.

한자 문화에 있었던 우리의 글이 한자 표기법이 많아서 그렇다고 말한다면 또 그럴 수도 있다. 그러나 꼭 그런 것이 아님을 금방 알 수 있다. '머리에 서리가 앉았다'[14]라는 모의고사 문제집을 들고 와 "왜 여름에 머리에 서리가 내려요?"라고 교사에게 묻는 등 단어뿐 아니라 문맥을 이해하지 못하는 일도 비일비재하다. 이런 비유는 '검은 머리 파뿌리 될 때까지'라는 은유와 일맥상통하며 문학적 은유를 내포한 일상화된 언어다. 결국, 단어 자체를 모르는 것을 넘어 문장 전체의 이해, 즉 맥락 이해가 안 된다는 이야기다.

심심, 사흘, 금일, 고지식, 막역, 문안, 일절, 대두, 직결, 부각

(이 단어들 중에서 2개 이상을 모른다면, 문해력을 발전시키는 데 큰 장벽으로 와닿을 것이다.)

'사흘' 표현을 '4일'로 잘못 알고, '고지식'을 'High 지식'으로, '대두'를 '큰 머리'로 이해하는 10대들이 제법 있다. 이는 MZ 세대나 현재 청소년인 알파 세대가 한자로 된 단어보다 영어로 된 단어에 익숙하고 단어로 연결된 문장, 문장과 문장이 만들어진 한 문단의 전체 맥락을 이해하려는 인내심이 부족한 데서 오는 문제다. 유

---

14)   '머리에 서리가 앉았다': 머리카락이 하얗게(백발이) 되었다라는 은유의 표현.

튜브의 쇼츠나 인스타그램의 릴스와 같은 짧은 비디오 형식(숏폼)에 익숙해진 탓도 한몫한다. MZ 세대의 문해력이 사회 문제로 부각되는 것은 챗GPT 시대를 넘어 고도화된 인공지능 시대에는 더욱 심각한 생존 문제가 될 수 있기 때문이다. 대규모 문자 데이터를 학습한 생성형 인공지능 챗GPT는 단어와 단어, 문장과 문장의 관계와 패턴을 파악해 대답하고 있지만, 이는 기계적 답변이 아닌 사람과 거의 흡사한 맥락을 파악하는 능력을 과시한다.

AI가 말하는 '아버지 가방에 들어가신다'

'아버지 가방에 들어가신다'를 챗GPT는 뭐라고 이해할까? 이를 잘 교육(대답할 수 있게 질문하는 것을 나는 '교육'이라고 표현했다)시켜 '아버지가 방에 들어가신다'로 파악하게끔 할 수 있을까? 영어로 번역해 보라고 요청했다.

User
'아버지 가방에 들어가신다'를 영어로 번역해 줘. 단 이 말이 상식적으로 가능한 이야기인지 알아보고 만약 불가능하다면 다르게 바꿔 번역해 줘도 돼.

ChatGPT
'아버지 가방에 들어가신다'라는 문장은 한국어로는 일상적인 말이 아니며, 문자 그대로 해석하면 비현실적인 상황을 묘사합니다. 이를 영어로 직역하면 'Father enters the bag'이 되지만, 이 역시 논리적이지 않은 표현입니다.

이 문장의 의도나 맥락에 따라 다르게 해석할 수 있습니다. 예를 들어, 만약 이 문장이 어떤 상황을 비유적으로 표현하는 것이라면, 'Father is deeply involved in the matter(아버지가 그 일에 깊이 관여하고 있다)' 또는 'Father is fully committed to the task(아버지가 그 일에 전념하고 있다)'와 같이 번역할 수 있습니다. 이러한 해석은 문장의 원래 의도에 따라 달라질 수 있습니다.

User
가장 일상적인 상황으로 상상해서 번역한다면 어떤 말로 번역이 될까? 띄어쓰기를 바꾸어도 괜찮아.

ChatGPT
'아버지 가방에 들어가신다'를 다르게 해석하면, '아버지, 가방에 들어가신다'로 볼 수 있습니다. 이 경우, 문장은 두 부분으로 나뉘며, '아버지'는 호칭이고, '가방에 들어가신다'는 동작을 묘사합니다. 이를 영어로 번역하면 'Dad, you are getting

into the bag'이 됩니다. 이 해석은 아버지가 문자 그대로 가방 안으로 들어가려는 상황을 가정하거나, 누군가가 아버지에게 그렇게 하라고 말하고 있는 상황을 묘사합니다.

User
띄어쓰기를 다르게 한 번 더 해 봐.

ChatGPT
'아버지 가방에 들어가신다' 문장의 띄어쓰기를 다시 조정해 보면, '아버지가 방에 들어가신다'로 해석될 수 있습니다. 이를 영어로 번역하면 'Father is entering the room'이 됩니다. 이는 아버지가 방으로 들어가고 있다는 일상적인 상황을 묘사합니다.

챗GPT에게 질문을 조금씩 달리했을 때 나온 답변이다. 첫 번째 챗GPT의 대답은 상식적인 상황이 아님을 명확히 이야기했다. 사람이 가방에 들어가는 일은 일상적이지 않다. 가방을 매우 집중하고 있는 일로 은유적으로 표현하며 문맥을 파악한 것이 놀랍다. 세 번째에 이르러 스스로 띄어쓰기를 조정하여 일상적인 문장을 만들어내고 있다.

문해력의 차이

사람은 파멸당할 수는 있을지언정 패배하진 않아

프롬프트를 잘 다루어야 인공지능 시대에 능력을 갖춘 인재라 할 수 있다. 이때 그 핵심은 문해력에 달려 있다. 문해력은 단순히 글을 읽고 쓰는 능력이 아니라 그 글에서 정보를 추출하고 '주제와 의도를 파악하는 능력'을 포함한다. 책은 물론, 신문, 잡지, 심지어 전시된 미술작품이나, 뮤지컬, 영화 등을 액면 그대로 보는 것이 아니라 그 이면을 바라보는 사색과 관찰의 연속성에서 특이한 패턴을 파악하는 것을 의미한다. 문해력 문제는 MZ나 알파 세대들에게 주로 나타나지만, 신중년인 실버세대들에게는 디지털 문해력이 부족해 생존 문제로 부상되고 있다.

얼마 전 나는 모기관의 디지털 리터러시[15] 프로젝트의 평가위원으로 참가했었다. 그런데 실버세대/신중년 세대들에게 디지털 리터러시를 교육하는데 챗GPT가 포함되어 있지 않았다. 그래서 발표자에게 질문을 던져 보았다.

나 스마트폰, 키오스크, 영상 툴을 다루는 교육이 실버세대들의 디지털 문해력 교육에 얼마나 효율적입니까?

발표자 지금까지 실버세대들에게 이러한 교육을 한 결과, 충분히 만족하셨습니다. (만족했다는 객관적인 데이터는 없다. 그냥 담당 발표자의 '감'일 뿐이다.) 그리고 챗GPT는 전문성이 필요해서 실버세대들에게는 맞지 않다고 판단해서 교육 프로그램에 넣지 않았습니다.

나 혹시 챗GPT와 음성 대화를 해 보시고 어도비 파이어플라이 같은 생성형 이미지 AI를 사용해 본 경험이 있나요? 실버세대들에게 챗GPT에게 질문하는 법(여기서는 문해력 교육이라고 부르겠다) 교육은 두 번이면 충분한데, 챗GPT가 실버세대들에게

---

15)   **디지털 리터러시 (Digital Literacy):** 디지털 기술을 이해하고 활용하며 정보 탐색, 평가, 소통, 창조하는 능력을 말한다. 데이터 리터러시, 미디어 러티러시 등으로 부문별 문해력의 중요성이 강조되고 현재 AI 리터러시가 부상하고 있다.

전문성이 필요한 어려운 툴이라고 말하는 근거가 뭔가요?

발표자 …….

실버세대들은 디지털 리터러시와는 다른 문해력을 지니고 있다. 챗GPT와 같은 인공지능이 놀라운 언어 능력을 보이는 시대에, 텍스트에 더 깊은 의미를 이해하는 인간만의 문해력이 필요해지는 상황으로 비추어 볼 때, 많은 인생 경험을 가진 실버세대들의 독특한 문해력 장점을 간과해서는 안 된다. 단지 그들은 디지털 기기와 시스템에 익숙하지 않을 뿐이다.

챗GPT는 이러한 실버세대들의 문해력을 더욱 빛내 줄 수 있는 프롬프트에 답하면서 그들의 디지털 리터러시 능력을 제대로 빌드업해 줄 수 있다. 이러한 실버세대들의 문해력 우위는 당시 교육과정에서 책 읽기와 최고의 고전작품을 읽도록 한 교육정책의 영향이 크다. 거기다 오랜 기간 겪은 경험에 기반한 통찰력이 더해졌으니 문해력에 대해서는 엄청난 강점을 지니고 있다. 이와 마찬가지로, 청소년들도 문학작품, 스토리와 감독의 철학이 담긴 영상, 그리고 최고의 작가들이 만들어낸 아트 작품의 이면을 파악하는 훈련을 꾸준히 하면 문해력을 향상시킬 수 있다.

챗GPT의 추론 능력이 뛰어나다고 해도 기존에 존재하는 데이터

AI, 질문이 직업이 되는 세상

를 학습해 새로운 답을 생성할 뿐 여전히 한계는 존재한다. 인간과 인공지능의 추론 능력은 나타나지 않은 것을 실체화하는 면에서는 비슷해 보이지만, 존재하는 데이터를 대상으로 하는 인공지능과 현재까지 존재하지 않던 것을 대상으로 하는 인간의 상상력과는 차이가 날 수밖에 없다.

이러한 무궁무진한 상상력은 문화적·역사적·감정적 맥락에서 더 깊은 의미를 추론할 수 있지만, 인공지능 시스템은 종종 이를 놓친다. 예를 들어, 소설을 읽을 때 인간은 역사적 시기에 따른 캐릭터의 행동이 갖는 사회적 함의를 이해할 수 있지만, 인공지능은 이를 겉핥기식으로만 파악할 수 있다. 감성 지능 또한 인간이 뛰어난 분야다. 문학은 페이지에 있는 단어들만이 아니라, 그 단어와 단어, 문장과 문장의 이면에 다양한 감정을 담고 있다. 그래서 인간은 문학작품의 텍스트에서 풍자, 유머, 미묘한 감정적 단서를 이해할 수 있다. 이러한 깊은 감정적 이해와 표현은 인간 문해력의 핵심이다. 현재 자신의 문해력이 약하다면 단어의 뜻과 쓰임부터 하나씩 일아가자. 그것이 출발이다.

자! 다음 문장을 한번 문해력 관점에서 파악해 보자.

"사람은 파멸당할 수는 있을지언정 패배하진 않아."
-어니스트 헤밍웨이, 『노인과 바다』

여기서 먼저 '파멸'과 '패배'라는 단어를 이해해 본다. 인터넷이나 사전 등을 통해 우선 사전적 의미를 찾아보자. 그것만으로도 충분히 이 문장을 이해하는 데 문제가 없다.

파멸(破滅)

명사: 파괴되어 없어짐.

패배(敗北)

1.명사: 겨루어서 짐.

2.명사: 싸움에 져서 달아남.

이것을 사전적 정의로 해석하자면, "사람은 파괴되어 망가져도 싸움에 져서 달아나지 않는다.", "사람은 파괴될지언정, 끝까지 겨루는 거다." 즉, 상어와 맞서 싸우는 노인의 마음을 표현한 문장이다. 이런 단어를 알고 문장을 만들어 놓고 보면 노인이 상어와 맞서 싸우는 모습까지 상상할 수 있으며 노인이 혼잣말로 외치는 이 말이 갖는 의미의 깊이를 알게 된다. 결국, 힘도 없고 도구도 제대로 갖추지 않은 노인이 상어와 맞서 싸우면서 만신창이가 되어 가지만 결코 상어의 기세에 눌리지 않고 끝까지 해 보겠다는 의지를 표현한 말로 해석할 수 있다. 결국 파멸은 내가 아닌 외부로부터 오는 불가항력적인 상황을 설명하고, 패배는 나 스스로 선택하고 결정하는 의지를 드러내는 단어로 표현되어 외부의 극한 환경이 나의 의지를 절대 꺾을 수 없음을 표현하는 짧으면서도 강한 메시지를 담고 있다. 이렇게 단어의 뜻을 넣어 문장을 완성한 후 상황을 이해하면서 재해석할 수 있듯이 모든 글엔 각 개인의 경험, 철학, 사고의 방향이 나올 수 있다.

『노인과 바다』에 나온 위 문구를 챗GPT에게 물어보았다.

"사람은 파멸할 수 있지만 결코 패배하지 않는다."라는 문구는 삶의 도전과 고난에 대한 깊고 탄력적인 철학을 암시합니다. 그 의미를 정리하면 다음과 같습니다.

1. 역경에 직면한 회복력: 이 성명서는 개인이 신체적·정서적·심리적으로 자신을 '파멸'시킬 수 있는 심각한 도전과 고난에 직면할 수 있음을 인정합니다. 그러나 이 맥락에서 '파괴'된다는 것이 반드시 완전한 소멸이나 지속 불가능을 의미하는 것은 아닙니다. 상당한 좌절이나 손실을 경험하는 것을 의미할 수 있습니다.

2. 패배 vs. 파괴: '파괴'되는 것과 '패배'되는 것에는 차이가 있습니다. 파괴는 개인에게 발생하는 외부 사건으로 간주되며 종종 통제할 수 없습니다. 대조적으로, 패배는 마음의 상태, 상실의 양보 또는 포기입니다. 이 말은 압도적인 역경이나 '파괴'

앞에서도 패배를 받아들일 필요가 없다는 뜻을 내포하고 있습니다.

3. 불굴의 정신: 근본적인 메시지는 인내하고 인내하는 인간 정신의 능력에 관한 것입니다. 인간은 정신적·감정적으로 패배를 받아들이지 않는 한, 외부 상황에 관계없이 존엄성과 목적, 희망을 유지한다는 것을 암시합니다.

4. 철학적 및 실존적 함의: 더 깊은 수준에서 이 진술은 실존적 주제를 다룹니다. 이는 사람의 진정한 척도가 성공이나 실패, 심지어 그들이 직면한 시련에 있는 것이 아니라 이러한 시련에 대한 반응에 있다는 것을 의미할 수도 있습니다. 이는 인간의 인내력, 탄력성, 고통 속에서도 의미를 찾는 능력을 중시하는 철학과 일치합니다.

요약하면, 이 문구는 다양한 형태의 심각한 도전이나 '파괴'에 직면하더라도 정신적으로 패배하지 않는 회복력과 인간의 능력에 대한 강력한 확언입니다.

인간만이 할 수 있는 특별한 요소

매우 그럴싸하지만, 인공지능 스스로 생각해 낸 것이 아니라 이전의 철학자나 문학가, 독서를 한 일반인들이 내놓은 정의나 해석을 챗GPT가 데이터로 습득하고 분석해 정리해 준 것뿐이다. 이와 달리, 사람은 이런 기초적 해석 위에 성장하면서 겪은 희로애락에서 얻은 오감을 자극하는 감정과 통찰력으로 더 깊고 더 심오한 의미를 부여할 수 있다. 인공지능은 학습 패턴을 기반으로 텍스트를 생성할 수 있지만, 프로그래밍된 매개 변수를 벗어난 사고를 할 수는 없다. 반면에 인간은 새로운 아이디어를 생각해 내고, 언어를 혁신적인 방법으로 다룰 수 있을 뿐만 아니라 개인적인 경험과 독창적인 생각을 반영한 문학을 창조할 수 있다. 문해력은 단순히 글을 읽고 쓰는 것이 아니라, 텍스트의 윤리적·도덕적 의미도 이해하는 것을 포함한다.

인간은 도덕적 추론을 할 수 있으며, 문학에서 제시되는 복잡한 윤리적 딜레마를 이해할 수 있다. 챗GPT와 같은 생성형 인공지능이 자연어 처리 분야에서 괄목할 만큼 급성장을 하고 있지만, 맥락 이해, 감성 지능, 창의성과 독창적 사고, 윤리적 및 도덕적 추론 능력 등 포괄적인 해석 능력은 아직 완벽하지 않다. 인공지능이 계속 고도화되면서 이러한 격차를 좁힐 수는 있지만, 인간만이 가진 감성과 독창성은 가까운 미래에도 계속 인간의 전유물로 남을 것이다.

이러한 문해력의 장점을 도출하기 위해 10대 시절을 어떻게 보내느냐는 매우 중요하다. 10대의 성장 과정에서 반드시 경험해 봐야 할 문해력 기르는 방법 3가지를 다음 챕터에서 살펴보자.

2장

특별한 나를 만드는
사색의 힘

사색은 내 안의 특별함을 찾는 과정

사색은 나의 내면과 대화하는 것이다. 어느 한 곳에 있을 통로를 찾기 위해 미로를 걷듯, 생각한다는 것은 많은 고통을 따르게 하지만 반드시 미로엔 나갈 길이 있듯이, 나만의 길을 찾아냈을 때 얻는 감동은 크다. 그런 과정을 거쳐 나의 정신적 근육이 성장하고 단단해진다. 사색이 깊어지면 나를 중심으로 주위는 진공 상태가 되어 중력이 없어진 듯한 느낌으로 자아의 깊은 내면에 빠져들게 된다. 그때 나를 짓누르던 고민도 별게 아님을 깨닫는다. 사색은 그래서 마치 우주 여행을 하는 듯하다. 나는 중학교 때부터 일기를 썼다. 지금 읽으면 참 유치하기 짝이 없지만 주위에서 일어나는 현상에 대해 깊이 생각한 흔적이 보인다. 평소 내가 어떤 삶을 살 것이라는 생각이 정리되면 보름달에게 빌곤 했다. 아니 정확히 말하면 빌었다기보다 다짐했다고 하는 것이 맞겠다. '해 주세요'라고 하는 것보다 '내가 그렇게 하겠다'라고 다짐했다. 그런 다짐들은 나를 알아가는 데 많은 도움이 되었다. 이런 과정에서 나는 미숙하지만 내 삶에 남겨질 발자국을 한 발짝 한 발짝씩 남겼다.

사색은 나를 특별하게 만든다. 나의 깊은 내면을 내가 알고 있기에 남이 바라보는 내가 두렵지 않다. 이 세상에 존재하는 것 자체만으로도 특별하지만, 그런 나를 내가 잘 알고 있는 건 더 특별하게 한다. 대부분은 자신의 내면을 읽지 못하고 잘 모르는 경우가 많기 때문에 다른 사람이 나를 보는 것에 더 많은 신경을 쓰게 된다. 그렇게 내가 특별하니 매일이 특별한 날이 된다.

사색은 그렇게 내 안에 숨겨진 특별함과 독특함을 찾아내는 과정이다. 즉, 자신의 장점과 나아갈 방향성을 그려 내는 이른바 퍼스널 브랜딩 과정의 필수 요소다. 깊이 사색하기 위해서는 다양한 지식과 경험이 필요하다. 그것을 모두 가능하게 하는 것이 바로 '독서'다.

독서는 내면을 자극하는 예술적 행위다

독서는 단순히 글을 읽는 행위를 넘어 우리 내면과의 대화를 자극하는 예술적 행위다. '사색'을 통해 내면의 힘을 강화하고 독서를 통해 지식의 깊이를 더해 삶의 질을 향상시키는 방법을 키운다.

독서는 사색의 중요한 연료다. 책 속에 등장하는 인물과 그들 간의 관계, 배경, 문화 등을 이해하면서 사색의 깊이와 폭이 깊고 넓어진다. 사색을 시작하면 마법 같은 일이 일어난다. 머릿속에서 나도 모르는 이야기와 아이디어가 떠오른다. 지식과 경험이 그리고 또 다른 통찰력이 더해지면서 나도 모르게 사색이 깊어지고 범위가 커져 가는 기적 같은 시간을 맛보게 되는 것이다. 책을 읽는다는 것은 글자를 받아들여 의미를 파악하면서 사색과 이어지고 또 행동으로 이어져야 함을 잊어서는 안 된다.

독서는 내면과의 대화를 자극하는 예술적 행위다

　　　　　　　　　　AI, 질문이 직업이 되는 세상

독서-사색-행동 연결 전략 4단계

1. 마음 열기

첫 장을 넘기기 전 마음을 열고 새로운 아이디어에 대한 호기심으로 시작하라. 같은 책이라 할지라도 나의 상상에 따라 모든 것이 새로워질 수 있다. 지식과 경험이 확장되고 이해의 폭이 깊어진다.

2. 깊이 있는 이해를 위해 정보를 분석하라

독서는 텍스트를 해석하고 내용을 흡수하는 데서 그치지 않는다. 텍스트에 숨겨진 의미를 파악하고 저자의 생각을 추적하면서 정보의 변화가 어떻게 달라졌는지 생각해 봐야 한다. 이 과정에서 비판적 사고와 분석하는 방법을 배우게 된다.

예를 들어 『노인과 바다』에서 바다에 나가기 전 노인 산티아고 Santiago와 이웃에 사는 소년 마놀린 Manolin이 미국 메이저리그의 영웅인 조 디마지오에 관해 이야기하는 장면이 나온다. 산티아고는 "위대한 디마지오처럼, 발뒤꿈치 뼈를 다쳐 몹시 고통스러운데도 모든 플레이를 완벽하게 해낸 그 훌륭한 선수처럼, 나도 훌륭하게 해내야 한다."라고 말한다. 부상을 당한 조 디마지오가 어려움을 극복하고 최고의 메이저리그 선수가 되었듯이 노인은 청새치와 벌이는 사투가 쉽지 않지만, 어려움을 극복해 낼 것을 디마지오를 통해 은연히 자신의 결의를 드러낸다.

만약 여러분이 이 장면과 디마지오가 훗날 당대의 가장 유명한 배우인 마릴린 먼로와 결혼한 뒤 영원히 그녀를 가슴에 품은 순애보가 있었다는 정보까지 연결한다면 디마지오를 빗댄 표현이 결코 부상을 이겨낸 것만을 이야기하는 것이 아님을 알아챘으리라.

이렇듯 독서에서의 핵심은 글 전체 이면을 파악할 수 있는 정보를 분석하고 그것을 연결하여 작가의 메시지를 자신만의 것으로 빌드업하는 능력이다. 사색은 이러한 능력을 키우는 것과 연결된다.

3. 사색으로 연결 고리를 만들어라

독서는 사색으로 이어져야 한다. 책 속 정보 및 아이디어와 우리의 생각을 연결짓는 것은 독서에서 가장 중요한 부분 중 하나이다. 주인공의 마음과 나의 마음을 연결해 보기도 하고 책에서 제시하는 지침을 활용하여 현재 실제로 고민하고 있는 난제를 해결할 수는 없는지를 생각해 보기도 한다. 사색을 통해 독서는 생명을 얻고, 지식은 내면화된다. 그래야 정보의 가치는 더욱 고도화될 수 있다.

4. 일상 속에서 실천하라

마지막으로 사색을 통해 얻은 생각을 일상에서 실천해 간접 경험을 해 볼 수 있다. 또한 이것을 실제 행동으로 실천해 보는 과정에서 또 다른 통찰력을 얻을 수 있다.

독서를 통해 사색에서 행동으로 옮겨지는 과정의 중요성은 성공한 사람들의 메시지에서도 알 수 있다.

- 책과 신문을 가까이 해야 부자의 길로 들어설 수 있다. –워런 버핏
- 나의 영화를 만드는 데 밑바탕인 상상력과 창의력은 독서에서 나온다. – 스티븐 스필버그
- 오늘의 나를 있게 한 것은 우리 마을 도서관이었고 하버드 졸업장보다 소 중한 것이 독서하는 습관이다. –빌 게이츠
- 저는 책 읽는 기계라고 알려질 만큼 미친 듯 독서했습니다. –앨빈 토플러
- 보물섬을 약탈한 해적선보다 더 많은 보물이 책 안에 있다. –월트 디즈니
- 어른이 그들 자손과 사회에 줄 수 있는 가장 큰 선물은 아이들에게 책을 읽어 주는 것이다. –칼 세이건

사색 일기 실천 노트 경로를 따라 사색에 조금씩 도전해 보는 것 도 괜찮다. 무엇인가를 선택해야 하거나, 결정을 해야 하는 상황에 부딪혔을 때 그에 따른 주제를 적어 본다. 사색하기 전 기분을 적 어 보고 사색 후 기분을 적어 봄으로써 비교해 볼 수 있다. 사색하 는 동안 느낀 감정과 몸의 변화와 마음의 변화, 순간 떠오른 깨달 음 등을 기억 나는 대로 기록해 보자. 사색하면서 현 주제를 해결 할 계획이나 변화 등을 문제 해결란에 적어 보면 스스로 답을 찾아 낼 때가 있다. 그리고 작성 시, 일기만큼이나 나를 바라보는 방법 으로 마음이 흘러가는 대로, 사색한 대로 기록하는 것이 중요하다.

<사색 일기 실천 노트>

*사색을 통해 통찰력을 기를 수 있는 일기를 써 봅시다.

구분	설명
날짜	
시간	
사색 주제 (다짐, 결심, 고민, 결정 등)	
사색 전 기분	
사색 후 기분	
사색 중 생각과 감정 (사색 중 일어난 특별한 생각이나 감정)	
사색 중 통찰력 (사색 중 떠오른 통찰력이나 깨달음)	
문제 해결 (주제에 대한 극복 방법 및 해결점)	
오늘의 긍정적인 말이나 문구	

AI, 질문이 직업이 되는 세상

3장

비판적 사고를 키우는
토론의 힘

항공사 직원과의 논쟁

어린 시절 소풍을 간다고 하면 전날 밤잠을 설쳤다. 특히 수학여행 가는 전날 밤은 더했다. 들뜬 마음도 있었지만 혹시나 늦잠을 자 버스를 같이 못 탈까 봐 걱정이 되기도 해서였다. 다행히도 전날 적당히 잠을 잔 덕분에 소풍이나 수학여행을 놓친 적은 없다. 그런데 지금도 온몸이 떨릴 정도인 미국행 비행기를 놓친 아찔한 기억이 있다.

미국 비즈니스 출장을 3주 계획하고 한국발 미국행 비행기와 미국에서 3주간 이동할 국내 비행기를 모두 예약한 상태였다. 비행 출발 시각이 밤 11시로 시간이 넉넉하여 점심을 먹은 후 차 한잔하며 여유롭게 재확인하려고 티켓을 보았는데 밤 11시가 아니라 오전 11시였다. 오후 12시 반 정도가 된 시점이었으니 이미 비행기는 하늘을 날고 있을 터였다. 3주간의 출장이 엉망이 될 걸 생각하니 온몸이 사시나무 떨리듯이 떨렸다. 그래도 포기할 상황이 아니었기에 급히 인천공항으로 향했다. 미국행 비행기가 다행히 오후 5시에 있어 시간 변경을 하고 20만 원의 수수료를 지불했다. 비행기가 있는 것만으로도 다행이어서 흔쾌히 지불했다. 그런데 문제는 미국 내의 비행기였다. 약 6시간을 늦게 출발하게 되어 미국 현지의 첫 비행기 시간이 맞지 않았다. 해당 항공사의 한국지사에 연락해서 변경 요청을 했는데 수수료를 100만 원 이상을 요구했다. 3주간의 비행기 스케줄이 묶여 있기에 그렇다는 것이다. 이때부터 항공사의 직원과 나의 논쟁이 시작되었다.

이런 일이 발생했다면 여러분은 어떻게 했을까? 100만 원을 그대로 지불하고 변경했을까? 아니면 비판적 사고로 반박할 근거를 제시하며 논쟁을 했을까?

내가 제시한 논쟁의 근거는 이랬다. 첫째, 비행기가 아직 출발하지 않은 상태다. 이미 떠나 버린 한국에서의 비행기와는 다른 상황이다. 100만 원이라는 수수료가 합당하지 않다. KTX만 해도 출발 전까지는 변경할 수 있는데 비행기라고 다른 이유가 무엇인가. 두 번째는 미국 내 3주간 스케줄이 연결되어 있다 하더라도 첫 번

　　　　　　　　　　AI, 질문이 직업이 되는 세상

째 스케줄만 바꾸면 되는 것이고, 그걸로 인해서 뒤이은 스케줄이 변경된다면 모를까 하등 영향을 미치지 않는데 왜 3주간 연결되어 있어 수수료가 발생한다는 건지 납득할 수 없다고 했다. 이렇게 반론을 펼쳤지만 항공사 한국지사 담당자는 주장을 굽히지 않았다. 그것은 항공사 직원만이 티켓 변경을 할 수 있고 승객은 할 수 없다고 판단했기 때문이었으리라. 난 전략을 바꿨다. 항공사의 미국 본사 전화번호를 요구했다. 기계음을 통한 어려운 과정을 거쳐 미국 담당자와 직접 통화해 한 푼의 수수료도 내지 않고 티켓을 변경했다.

비판적 사고가 역사를 바꾸다

위 사례에서 볼 수 있듯이, 앞으로 청소년들이 사회에 나가 비판적 사고 없이 사회생활을 하게 된다면 시간적 손해뿐만 아니라 물질적 손해도 감수해야 한다. 비판적 사고는 현상을 이해하고 해결점을 찾아 나가는 능력으로 발현되는데 '토론'을 통해 그러한 능력을 키울 수 있다. 토론은 상대를 설득하는 힘이 있다. 토론의 기본은 얼마나 정당한 근거를 제시하며 찬성 혹은 반박을 하느냐인데 그것은 비판적 사고를 한 훈련의 결과로 상호보완적이다. 이러한 비판적 사고는 개인의 삶뿐만 아니라 수많은 역사적 변화를 이끈 원동력이 된 사례가 많다.

갈릴레오 갈릴레이(Galileo Galilei, 1564~1642) : '현대 과학의 아버지'로 알려진 갈릴레오는 천문 관측에서 망원경 사용을 옹호했으며 지구와 다른 행성이 태양을 공전한다는 코페르니쿠스 이론(지동설)을 지지하여 가톨릭 교회가 지지하는 지구 중심 모델(천동설)을 반박한다. 당시는 카톨릭 교회에 의해 누명을 쓰고 목숨까지 잃을 수 있는 마녀사냥이 기승을 부리던 시대였다. 그는 천동설에 반박했다는 이유로 가택 연금을 당하지만, 실증적 증거와 비판적 데이터 분석으로 지속적으로 주장했으며 마침내 현대 지구과학에 큰 영향을 미치게 된다.

윈스턴 처칠(Winston Churchill, 1874~1965) : 현대 역사상 가장 암울했던 시기에 처칠의 비판적 사고는 세계사를 바꾸는 핵심 요소로 작용했다. 대부분의 유럽 국가가 아돌프 히틀러의 위협을 과소평가했을 때 처칠은 일찍부터 위험을 인식한 몇 안 되는 사람 중 한 명이었다. 전쟁 준비에 대한 그의 통찰력과 고집은 제2차 세계대전 초기 단계에서 결정적인 역할을 했다. 프랑스는 맥없이 무너졌지만, 영국은 독일과의 전쟁을 예측하고 철저히 준비했고, 결국 제2차 세계대전을 승리로 이끌 수 있었다.

위의 사례는 경험적 증거 및 혁신에 대한 헌신과 결합된 비판적 사고가 과학 영역이든 사회 규범 영역이든 간에 세상에 대한 우리의 이해에 얼마나 심오한 변화를 가져올 수 있는지 잘 보여준다. 특히 영화 〈미드웨이〉에도 나온 미국 해군 정보국의 로슈토프 중령의 일본군 암호 해독에 대한 확신은 데이터에 근거한 비판적 사고가 역사적 흐름까지 바꾸는 것을 똑똑히 보았다. 물론 이러한 비판적 사고가 더욱 정교해지려면 여러 사람과의 비판적 사고에 기반한 토론이 필수 요소이다.

토론을 잘하는 비결

그러면 어떻게 비판적 사고의 바탕이 되는 토론을 잘할 수 있을까? 바람직한 비판적 사고를 위한 토론에 임하는 자세를 알아보자.

• **개방형 질문**: 열린 질문이라고도 하는 개방형 질문은 상대뿐만 아니라 모든 사람이 쉽게 이해할 수 있는 질문을 말한다. 토론은 종종 쉽게 대답할 수 없는 질문이나 문제로 시작되는 경우도 있는데, 참가자 누구나 이해 가능한 개방형 질문을 하고 다양한 관점을 끌어낼수 있어야 한다. 실제로 정치토론 프로그램을 살펴보면, 상대가 이해하기 어려운 질문을 마치 대단한 것처럼 여기는 정치인들이 간혹 보인다. 이러한 토론은 상대에게 더 복잡한 반박형 답변만 하게 만들어 토론 시간만 늘어나게 하는 실패한 토론으로 남게 된다.

• **근거 기반 추론**: 토론에서 질문이나 답변은 의견이나 선호보다는 근거에 기반해야 한다는 것을 기억해야 한다. 즉, 토론할 때 자신의 진술을 사실, 연구 또는 논리적 추론으로 뒷받침해야 한다. 이것이 안 되면 토론에서 감정이입이 되어 감정 조절을 하기 어려워진다. 다각도에서 근거를 찾고 상대가 제시한 근거의 허점을 찾는 데 주력한다.

• **다양한 관점**: 다양한 관점을 수용할수록 큰 장점을 발휘한다. 토론자는 각자의 경험을 고려함으로써 편견을 방지하고, 상대방에 대한 이해를 넓히며 보다 포괄적인 해결책에 도달할 수 있다. 1960년에 존 F. 케네디 상원의원과 리처드 닉슨 부통령의 미국 대선 토론은 토론이 펼쳐지는 미디어 매체를 누가 더 잘 이해하고 있는지가 승리를 이끌었다고 해도 과언이 아니다. 당시 TV에서 처음으로 열린 대선 토론이었다. 냉전, 공산주의 같은 미국 내 정책 이슈 토론에 정치 경험이 많은 닉슨이었지만 TV 앞에서 매우 긴장하고 불편한 기색이 비쳤고, 보수적인 측면이 부각됐다.

반면에 케네디는 차분한 태도와 자신감이 넘쳤으며 더 미래 지향적이고 낙관적인 측면이 두드러졌다. 닉슨보다 정치 경험이 적은 케네디는 TV라는 새로운 미디어의 특성에 맞는 관점을 찾아내, 자신의 약점이 될 수 있는 젊은 이미지를 카리스마 넘치는 새로운 리더십과 미래에 대한 비전을 열망하는 대중의 기대를 터치하는데 성공했다. 케네디는 기존의 라디오 매체의 특성이 아닌, TV라는 신매체를 통해 비주얼과 자신감을 보여 주는 새로운 관점으로 접근하여 치열했던 대선에서 승리할 수 있었다.

• **논리적 분석**: 토론할 때는 복잡한 문제를 작고 쉬운 구성 요소로 나누는 것이 필요하다. 이러한 분석적 접근 방식은 문제의 다양한 요소 간의 관계를 식별하고 기본 구조를 이해하는 데 도움이 된다. 또한 자신의 사고 과정, 편견 등을 성찰해야 한다. 이러한 자기 인식은 객관적인 분석에 매우 중요하며, 이를 통해 자신의 인지적 한계를 인식할 수 있다.

• **건설적 토론**: 아이디어와 주장에 초점을 맞춰야 하며 인신공격이나 감정적 반응을 피해야 한다. 하지만 한국 사회에서 토론 문화는 토론이 아닌 비방으로 흘러갈 가능성이 높다. 건설적인 토론을 통해 여러 정보를 융합하는 소중한 시간으로 간주하는 것이 아니라, 오로지 상대방을 이겨야 하는 제로섬 게임으로 토론을 진행하는 데만 익숙하기 때문이다.

• **실행 가능한 결과**: 어떤 결과를 끌어내야 하는 토론이라면 실행 가능한 결과나 결정으로 이어져야 한다. 실제로 실행할 수 있는 정보에 입각한 합리적인 결정을 내릴 수 있도록 서로를 격려하고

동기 부여할 수 있어야 한다.

　토론을 통해 비판적 사고를 개발하는 것은 열린 탐구와 근거 기반 추론을 촉진하여 다양한 관점을 탐색하고 복잡한 문제를 분석해 해결해 가는 과정이다. 토론은 비판적 사고로 다양한 관점을 응집력 있고 실행 가능한 결과로 종합하는 과정이다. 지속적인 학습 발달은 물론, 인공지능 시대에 도래할 미래 변화를 긍정적으로 받아들이게 하는 소중한 경험임을 잊지 말아야 한다.

AI, 질문이 직업이 되는 세상

4장

불규칙한 패턴을 찾는 휴식의 힘

자신만의 시에스타가 필요하다

앞서 낸 저서 『챗GPT, 질문이 돈이 되는 세상』의 오디오북을 제작할 때 색다른 경험을 했다. 이 경험을 통해 난 지금까지와는 다른 깨우침이 있었다. 그것은 바로 더 큰 호흡 조절이 필요하다는 것이었다. 발음은 말할 것도 없거니와 쉼표와 마침표를 잘 지켜서 말하는 것이 중요하다는 것을 절실히 깨달았다. 발음이 정확하고 음성이 좋다고 해도 정확히 쉴 곳에서 쉬지 않고 마쳐야 할 곳에서 마치지 않으면, 호흡이 꼬이면서 그 문자의 의미가 다르게 전달되거나 전달력이 현저하게 떨어지게 된다. 쉼표와 마침표 사이의 약 1초간의 쉼은 호흡을 고르게 하고 다음 문장을 더욱 빛나게 한다는 걸 몸소 깨달았다. 낭독에서 쉼이라는 걸 놓칠 때 문장이 전하는 의미가 무너지는 것을 뼈저리게 겪은 것이다.

쉬어야 할 때 쉬지 않는 것은 우리의 몸과 마음도 무너뜨린다. 개구리가 잠깐 움츠렸다 더 멀리 뛰는 것과 같이 휴식은 우리에게 에너지를 불어넣어 준다. 그렇다면 쉼(휴식)은 어떻게 하는 것일까? 아침 일찍 허겁지겁 등교해 공부한 후 학교가 파하자마자 학원으로 직행, 그 후엔 스터디카페로 간다. 복습과 예습을 한 후 새벽 한두 시가 넘어 잠을 자는 틈새 없는 청소년들의 일상에서 과연 어떻게 휴식을 취해야 할까?

그리스의 키테라섬에는 오후 3시부터 5시까지 2시간 동안 낮잠을 자는 시간이 있다. '시에스타Siesta'라고 부르는데, 스페인어로 '낮잠'을 뜻한다. 한낮의 무더위 때문에 일의 능률이 오르지 않으므로 잠깐 낮잠을 자서 원기를 회복하는 것이다. 이 시간이면 모든 사람이 하던 일을 멈추고 낮잠을 잔다. 상점이나 공공기관도 다 멈춰 길거리에 지나다니는 사람이나 차도 구경하기 힘들다. 좋은 컨디션을 유지해야 일의 능률이 올라 생산성이 더 커진다고 보는 것이다. 생산성은 물리적인 시간의 양에 비례하지 않는다. 오히려 쉬면서 컨디션을 회복해야 집중력이 올라가고 새로운 아이디어도 잘 떠오를 때가 많다.

휴식도 전략이다

• **짜투리 시간 휴식하기**: 하루 중 짧은 시간이라도 휴식할 수 있는 시간을 찾아라. 예를 들어, 학교에서 학원으로 이동하는 시간에 하늘을 본다든가, 학원 수업 사이의 짧은 휴식 시간을 이용해 몇 분간 눈을 감는 것도 도움이 된다.

• **효율적인 시간 관리**: 공부에 너무 많은 시간을 할애하지 않도록 일정을 효율적으로 관리해야 한다. 예를 들어, 학원이나 스터디 카페에서 공부할 때는 몰입도를 높여 집중적으로 학습하고, 집에 돌아와서는 충분한 휴식 시간을 갖는 것이 좋다.

• **정해진 수면 시간 지키기**: 충분한 수면은 매우 중요하다. 가능하다면 매일 밤 일정한 시간에 잠자리에 들도록 스케줄을 조정한다. 충분한 수면과 규칙적인 수면 패턴이 건강한 몸과 마음의 기초가 된다. 새벽 2시에 잠들어 아침 7시에 일어나는 것보다 밤 11시에 잠들어 새벽 4시에 일어나 하루를 일찍 시작하는 것도 시도해 보자. 평소와는 완전히 다른 세상의 모습이 펼쳐진다.

• **활동적인 휴식 선택하기**: 짧은 산책이나 가벼운 스트레칭 같은 활동적인 휴식은 정신을 맑게 하고 스트레스를 줄이는 데 도움이 된다. 학원이나 스터디카페에서 집중이 안 될 때 잠깐이라도 밖

으로 나가 신선한 공기를 마시며 걷는 것만으로도 큰 도움이 된다. 일주일에 한 번이라도 운동, 산책, 가벼운 산행, 영화 보기, 음악 듣기 등 몸을 움직이는 활동 혹은 자신이 좋아하는 활동으로 스트레스를 해소한다.

• **디지털 디톡스 시도하기**: 스마트폰이나 컴퓨터 사용을 줄이고, 디지털 기기에서 멀어지는 시간을 정하면 뇌가 휴식을 취하고 재충전하는 데 도움이 된다. 디지털 디톡스는 기억력, 주의력, 의사결정과 같은 인지 기능 향상에 도움을 준다. 휴식이 부족하면 인지 능력이 손상되어 집중력과 판단력이 떨어져 전반적으로 반응 시간이 느려질 수 있다. 이것은 과도한 디지털 기기 사용에 따른 부작용이다. 또한 휴식은 더 나은 감정 조절과 연결된다. 스트레스, 불안, 기분 변화를 관리해 준다.

• **해 보지 않은 것 시도하기**: 평소와 다른 길을 걸어 보자. 선택을 달리 해 보고, 평소 하지 않는 행동에 도전해 보자. 병 뚜껑을 열 때 오른손을 사용했다면 왼손으로 사용해 본다. 다른 시도는 다른 것을 보게 만드는 힘이 있다. 이것은 나에게 신선한 충격으로 와닿아 신바람을 일으킨다.

인공지능은 패턴이 정해져 있는 일은 기막히게 잘한다. 그렇다

디지털 기기에서 해방하라

면 스스로 불규칙한 패턴을 만들어 인공지능이 찾아내지 못하는 능력을 발현해 보자. 반복적인 일상생활에서도 작은 변화를 주는 것은 기존에 발견하지 못한 통찰력을 얻게 한다. 거창하지 않아도 생활 습관에 작은 변화를 주어도 나만의 일정한 패턴에 변화를 줄 수 있다. 항상 타던 버스가 아닌 다른 버스를 타 보는 것도 좋다. 가보지 않은 길은 나에게 새로운 풍경을 보여주고 새로운 사람들을 보게 한다. 자주 가는 장소가 있다면 다른 방향에 앉아 본다. 앞에서 옆에서 다르게 들리는 소리와 모습이 보일 것이다.

이런 패턴의 변화에서 얻은 변화된 모습들은 나만의 고귀한 아이디어와 사색의 재료가 된다. 그래서 이러한 불규칙한 패턴을 촉진시키는 휴식이 중요한 생존 무기가 될 수 있다.

꿈은 움직인다

2023년 교육부와 한국직업능력개발원에서 발표한 '2022 초·중등 진로 교육 현황조사' 결과에 따르면, 초등학생의 경우 1위는 운동선수(9.8%), 2위는 교사(6.5%), 3위는 크리에이터(6.1%)로 나타났다. 중학생의 경우 1위는 교사(11.2%), 2위는 의사(5.5%), 3위는 운동선수(4.6%)로 나타났다. 그리고 고등학생의 경우 1위는 교사(8.0%), 2위는 간호사(4.8%), 3위는 군인(3.6%)으로 나타났다.

구분	초등학생	중학생	고등학생
1	운동선수	교사	교사
2	교사	의사	간호사
3	크리에이터	운동선수	군인
4	의사	경찰관/수사관	경찰관/수사관
5	경찰관/수사관	컴퓨터공학자/소프트웨어 개발자	컴퓨터공학자/소프트웨어 개발자

2022 초·중등 진로 교육 현황조사

유튜브 크리에이터는 초등학생들의 희망 진로에서 매년 5위 안에 든다. 중학생과 고등학생이 되면서 교사, 의사, 경찰 그리고 IT 관련 직종이 주를 이룬다. 여러분의 꿈은 무엇인가?

내 초등학생 시절 꿈은 선생님이었다. 남들 따라 꾼 꿈인 것 같은데, 이후 여군이 되고 싶었다. 여군이 되어 멋지게 나라를 지키고 싶었다. 그러다 여군 준비를 할 수 없는 상황에 이르렀을 때 절망을 한 순간이 있었지만, 바로 생각을 바꿨다. 나라를 지키는 것이 꼭 군인이어야 가능한 것은 아니니까 말이다. 서진규의 저서 『나는 희망의 증거가 되고 싶다』라는 책을 읽으며 나의 장기 목표를 세웠다. 나도 누군가에게 희망의 증거가 되리라 결심했다. 그 꿈과 목표로 삶에 임하자 나에게 다가온 어떤 어려움이나 좌절도 견딜 수 있었다. 역경을 만날수록 내 성공은 더 빛날 것이라는 희망이 있었고, 그 경험 또한 누군가에게 희망이 될 수 있다고 여겼다.

꿈은 성장하면서 달라지기도 한다. 이루기도 하고 때론 그러지 못하기도 한다. 그런데 내가 되고 싶어 하는 그 하나의 꿈을 위해 달려온 인생이라면 꿈을 이루지 못했을 때의 절망감은 상상을 초월할 것이다. 예를 들어 선생님이 꿈인 경우, 교대 혹은 사범대에 입학해야 하고 임용고시를 합격한 후 원하는 학교에 발령을 받아야 한다. 그 과정이 그리 쉬운 건 아니다. 대학에 떨어질 수도 있고 임용고시에서 불합격할 수도 있다. 겨우 합격해도 또 발령을 받기까지 대기해야 할 수도 있다. 만약 선생님이라는 직업을 얻지 못했을 때는 큰 좌절감에 휩싸여 다른 목표나 꿈을 가지기 두려울 수도 있다. 그렇게 하나의 길만 오롯이 보고 달려오다가 포기하게 되면 불행이 시작된다.

여기서 생각의 전환이 필요하다. 꿈을 뭔가 되고자 하는 어떤 대상 혹은 직업이 아니라 '무엇을 하는 것'으로 생각해 보자. 예를 들어 선생님이 아니라 '누군가를 가르치는 일'을 하고 싶다고 생각한다면 학교 교사가 되지 못해도 크게 좌절하지 않을 수 있다. 즉, 교사가 되지 못했을 뿐 인생의 낙오자는 아니다. 가르치는 일이되 교사가 아닌 다른 방향으로 원하는 직업을 살짝 바꾸면 된다. 교사라는 직업의 특성인 '가르친다'에 초점을 맞추면 내가 나아가야 할 꿈의 범위가 크게 확대될 것이다. 지식만을 가르치는 것이 아닌 음악, 운동, 그림, 노래, 춤 등 가르칠 수 있는 일은 무궁무진하다. 그러면 실패가 아닌 약간 길을 돌아가거나 방향을 틀었을 뿐 나의 꿈과 목표를 이룬 셈이 된다.

꿈은 움직인다. 꿈과 목표는 하나의 도착 지점을 정해 놓고 끝낼 일이 아니다. 정보와 경험이 많아질수록 바뀌기도 하고 조금씩 달라지기도 한다. 장기적으로 난 어떤 사람으로, 어떤 삶을 살아갈 것인지에 대한 계획을 먼저 세우는 것이 좋겠다. 그리고 그것을 펼쳐 나갈 수 있는 길을 다양하게 열어 중간 지점을 하나 정해 두는 것도 좋다. 그렇게 꾸준히 길을 가다 보면 오늘의 존재 가치와 시간의 가치가 얼마나 소중한지를 깨닫게 된다. 삶의 모습을 동사로 표현하면 정적인 모습보다는 여러분의 미래 행동과 삶을 상상하게 된다. 예를 들어, '나는 개발자가 될 것이다'라는 꿈 대신 '나는 새로운 소프트웨어 솔루션을 개발해 10대들이 휴식할 수 있는 앱을

AI, 질문이 직업이 되는 세상

만들고 싶다' 등으로 미래에 무엇을 하고 싶은지를 구체화해 보자. 그러면 적극적인 역할과 기여를 강조하게 된다. 이것이 명사가 아닌 동사로 꿈을 꾸어야 하는 이유다

앞으로 이렇게 꾸어라. '커서 뭐가 되고 싶다' 대신 '커서 어떤 일을 하며 살고 싶다' 라고 꿈을 꾸자. 자, 이제 꿈, 목표를 세웠다면 행동으로 옮겨라. 스스로 꿈과 목표를 세웠다면 행동으로 옮겨야 시작한 것이다. 행동하는 것으로 꿈은 더욱 구체화되고 단단해진다.

드림 액션 플랜 3단계

가상의 목표를 정하고 실행해 보는 행동 3단계를 예시로 설명하고자 한다. 참고하기 바란다. 드림이란, 보통 인생의 전환기를 가져갈 만큼의 변화를 이야기하지만, 여기서는 청소년들이 목표를 이뤄 나가는 과정을 샘플로 해, 드림을 키우고 발전해 가는 과정을 대신하려 한다.

드림 액션 플랜 샘플 3선

1. 맞춤형 GPT 서비스 만들기: 정리해 둔 분야의 지식 데이터로 서비스 만들기.

액션 플랜: 만들고 싶은 GPT 서비스 목표를 세우고 블로그를 적어 가듯 자연어 데이터를 만들어 오픈AI 챗GPT를 사용하여 맞춤형 GPT 구축하기.

첫 번째 단계: 챗GPT에 가입한 후 유료 서비스를 신청하고 GPT 서비스 콘셉트와 내용을 구상한다.

두 번째 단계: GPT 서비스에 맞는 글을 쓰기 시작한다. 워드 파일에 작성하면 된다. 데이터 양이 많을수록 GPT 서비스는 더욱 정교해진다.

세 번째 단계: GPT 빌더에서 GPT 서비스명과 설명, 그림 소개 등을 입력하고 만들어진 글 파일을 업로드한다. 챗GPT와 연동된 달리3에서 GPT의 메인 프로필 사진까지 생성해 준다. 내용이 더 업그레이드되면 수정할 수 있다. (나만의 챗GPT 제작 방법과 GPT스토어 등록 방법은 부록을 참고하기 바란다.)

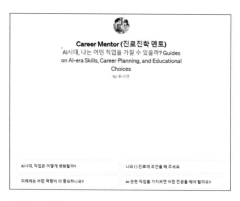

저자가 만든 GPTs: Career Mentor (진로진학 멘토)

2. AI 아티스트 활동하기: 생성형 인공지능을 사용하여 독특한 예술 작품을 만들어 보기.

AI, 질문이 직업이 되는 세상

액션 플랜: 생성형 인공지능 아트 프로그램(달리3, 미드저니, 스테이블 디퓨전, 어도비 파이어플라이 등)으로 예술 작품을 만들기.

첫 번째 단계: 생성형 인공지능 아트 도구를 살펴보고 생성해 낼 그림을 요청하는 프롬프트에 친숙해지기.

두 번째 단계: 이미지 생성형 인공지능에 익숙해지면 예술적 비전과 인공지능 기능을 결합한 독특한 예술적 스타일을 만들어 보기. 저작권 관련 문제를 포함하여 예술에 인공지능을 사용할 때의 윤리적 고려 사항에 대해 지속적으로 모니터링하기.

세 번째 단계: 인공지능 아트 포트폴리오를 구축하여 로블록스나 온라인 캐리커처 사이트에서 자신의 작품 선보이기. 필요하다면 다른 아티스트와 협업하거나 인공지능 아트가 필요한 프로젝트에 참여할 기회를 찾아서 새로운 기술과 예술적 방법을 지속적으로 배우고 적응해 보기.

3. AI(챗GPT)로 영어에 유창해지기: 영어 커뮤니케이션 학습에 인공지능 도구 사용하기.

액션 플랜: 챗GPT의 음성 대화 기능으로 영어 회화 및 토론하기.

첫 번째 단계: 스마트폰에 챗GPT 앱을 다운로드하고, 음성을 이용해 하루

에 1시간씩 기초적인 대화를 영어로 진행하기.

두 번째 단계: 기본 회화가 가능해지면 챗GPT에 더 복잡한 어휘와 고급 문법 개념을 소개하도록 요청하면서 문장에서 이를 사용하는 연습을 하고 교정과 설명을 요청하기. 듣기와 발음 연습도 진행하기. 챗GPT를 사용하여 듣기 연습을 위한 리소스(예: 팟캐스트, 유튜브 채널)에 대해 알아보면서 다양한 주제에 대한 짧은 에세이나 단락을 작성하고 챗GPT에 피드백 요청하기. 특히 구조, 일관성, 고급 어휘 및 문법 사용에 중점을 둬야 한다.

세 번째 단계: 챗GPT를 사용하여 영어권 문화, 숙어, 구어체 표현을 알아가면서 실제 상황을 시뮬레이션하기 위해 챗GPT를 사용하여 롤플레잉(Role-Playing) 연습에 참여하기. 다양한 주제에 대해 토론하여 영어로 자신의 의견과 생각을 표현하는 데 자신감 갖기(하루에 1시간 이상의 몰입형 연습이 중요).

세상에서 가장 위험한 것이 아무런 위험을 감수하지 않는 것이라고 했다. 두려움은 해 보지 않은 데서 비롯된다. 하고 싶은 것이 있으면 무엇이든 부딪혀 보라. 두려움도 걱정도 모두 사라지게 하는 것이 바로 행함이다. 시작하라.

AI, 질문이 직업이 되는 세상

<드림 액션 플랜 실천 노트>

*하고 싶은 것이 무엇인가요? 액션 플랜 노트를 작성해 보세요.

구분	내용	점검
꿈 혹은 목표		
액션 플랜 (구체적 전략)		
첫 번째 단계		
두 번째 단계		
마지막 단계		

부록

1. 챗GPT 질문법
2. 챗GPT 사용 시 주의 사항
3. 학업 맞춤형 챗GPT 활용법
4. 그 밖에 알아 두면 유용한 생성형 AI 종류
5. 돈이 되는 나만의 챗GPT를 만들고
   GPT스토어에 등록하는 방법
6. AI 시대의 직업 변화 (진화) 30선
7. AI 시대 필독 추천도서 100선
   (문해력 높이는 도서 100선)

1. 챗GPT 질문법

챗GPT 등 생성형 인공지능은 같은 질문에 다양한 관점과 답변을 제시함으로써 복잡한 문제를 해결하는 과정에 노출시켜 문제 해결 능력과 비판적 사고력을 강화한다. 또한 대화를 통해 새로운 정보와 아이디어를 제공함으로써 질문을 깊이 있게 할 수 있는 기회도 제공한다. 이 과정에서 자신의 생각을 명확히 하고 질문 능력을 키우는 데 도움을 준다. 챗GPT를 비롯한 생성형 인공지능에 대한 질문을 잘하기 위해서는 다음의 질문 핵심 포인트를 기억하면 좋다.

1. 목적을 잘 정립하고 핵심 키워드를 포함하여 질문한다.
2. 역할 부여도 도움이 되며 실행할 수 있는 동사형 명령어를 사용한다.
3. 한국어와 영어로 동시에 질문한다. 답변을 비교해 보면 다른 견해와 아이디어를 얻을 수 있다.
4. 같은 질문을 다른 표현으로 두 번 이상 한다. 다른 아이디어를 얻을 수 있다.
5. 맥락을 이해할 수 있도록 구체적으로 질문하고 심층적으로 반복해서 질문 데이터를 정교하게 만들어라.
6. 정확한 용어 사용과 표현, 그리고 철자, 문법적 오류를 피한다.
7. 답변을 활용하여 또 다른 결과물을 얻도록 나의 생각을 융합하여 질문을 시도한다.

AI, 질문이 직업이 되는 세상

8. 잘못된 정보가 있거나 오류가 있을 경우 수정할 내용과 출처 등도 요청해 본다.

9. 스타일을 요청한다. 예를 들어 글이라면 소크라테스 스타일, 그림이라면 디지털 아트 혹은 흑백사진 스타일 등으로 구체적으로 대답의 형태를 지정해 질문한다. 특히 음성 기능으로 영어 회화 연습을 할 때 강사의 스타일과 대화의 형태를 지정하면 도움이 된다.

10. 좀 더 쉬운 답변을 얻기 위해 대상을 지정하면서 질문해 본다. 예를 들어, 피타고라스 정리를 초등학교 1학년 학생이 이해하기 쉽도록 설명해 달라고 요청하면 훨씬 더 쉬운 답변을 받을 수 있다.

2. 챗GPT 사용 시 주의 사항

1. 챗GPT는 만 14세부터 사용할 수 있다. 초등학생 등 미성년자는 부모님과 함께 사용한다.

2. 무료 버전인 챗GPT 3.5는 2021년 8월까지의 데이터가 학습되어 있으며, 유료 버전인 챗GPT 4는 2023년 4월까지 학습되어 있으므로 최신 정보가 필요할 때 유의한다(데이터 학습 기간은 업그레이드될 수 있다).

3. 챗GPT 무료 버전도 음성 대화를 할 수 있으나 모바일 앱에서만 실행할 수 있다. 앱 다운로드 시 비슷한 앱이 많으니 '오픈AI' 마크를 반드시 확인하고 다운받는다.

4. 챗GPT는 잘못된 정보나 편향된 콘텐츠를 생성할 가능성이 있다는 것을

항상 기억한다. 아이디어를 얻을 때 활용하되 꼭 정보나 주장의 출처를 확인하고 검증하는 것은 필수다.

5. 부적절한 질문을 하면 대답을 거절당할 수 있다. 예를 들면 법률, 도덕, 사회적 규범을 위반하는 질문이거나 성차별, 인종차별, 폭력 등 비윤리적 질문이 대표적이다.

6. 특정 프롬프트는 저장되어 노출될 수 있으므로 중요한 개인 정보나 민감한 정보는 공유하지 않는다. 질문 창에 입력되는 건 모두 데이터 확보로 이어지고 인공지능의 학습 훈련이 될 수 있음을 잊어서는 안 된다.

7. 할루시네이션을 조심한다. 가짜 정보를 진짜인 것처럼 이따금 사실을 지어내거나 환각 출력을 할 때가 있다. 답변과 관련이 없는 경우 '싫어요' 버튼을 눌러 피드백을 한다. 이 피드백도 학습 훈련이 되기 때문에 챗GPT를 개선하는 데 도움이 된다.

8. 인간의 결함과 실수를 쉽게 모방할 가능성이 크기에 프롬프트에 정확도를 기하는 것도 중요하다. 그래서 질문자가 질문에 대한 정확한 지식과 관점을 제대로 알고 있는 것이 챗GPT의 답변 오류를 줄이는 최선의 방법이다.

9. 챗GPT가 제시하는 답변에 대한 저작권, 표절 등 여러 가지 문제가 발생할 수 있고 그것으로 인해서 파생되는 모든 책임은 챗GPT의 답변을 이용한 사용자에게 주어진다. 2차 사용 시 꼭 재확인해야 한다.

10. 챗GPT의 답변을 활용할 때 절대로 그대로 사용하면 안 된다. 챗GPT가 잘 쓰는 단어나 문법 패턴이 있어 금방 표시가 난다. 내 생각과 아이디어를 넣어 나만의 언어로 변경 표현해야 한다. 인공지능 킬러도 있어 사

AI, 질문이 직업이 되는 세상

용 여부를 바로 확인할 수 있음을 기억한다.

*오픈 AI 가 공개한 사용정책 (2023. 3. 23)을 참고하기 바란다.
https://openai.com/policies/usage-policies

3. 학업 맞춤형 챗GPT 활용법

성균관대학교, 울산과학기술원UNIST 등 국내 대학에서 생성형 인공지능 활용 가이드를 제공해 적절하게 활용할 수 있게 했다. UNIST에 따르면 교원, 대학원생 학부생, 그리고 연구원 등 약 350여 명이 참가한 응답자 중 교원과 학생의 약 90%, 연구원의 약 70%가 생성형 인공지능을 사용해 봤다고 응답했다. 아래는 학업에서 챗GPT를 활용할 수 있는 몇 가지 예시이므로 챗GPT 질문법과 주의 사항 등을 익혀 활용하기 바란다.

1. 이해가 안 가는 방정식이나 미적분 같은 어려운 문제를 분석 및 풀이해 달라는 요청.

2. 영어 단어에 대한 뉘앙스 설명과 상황에 따른 사용 사례 요청.

3. 토론 주제 아이디어를 요청하고 찬반 지정 후, 토론 연습할 수 있도록 요청.

4. "너 이제부터 영어 강사야."라고 지정한 후, 영화 회화 훈련 및 발음 연습에 활용.

5. 특정 도서를 지정하고 요약해 달라고 요청, 원어로도 요청 가능.

6. 고전이나 문학 작품에 대한 배경 및 구문 분석에 대한 질문.

7. 한국사와 세계사를 연결해 융합한 과거와 현재의 관계 요청.

8. 수행 평가 주제에 대한 아이디어와 형식 등에 대한 요청.

9. 진로나 직업에 대한 정보 및 준비 방법에 대해 구체적으로 요청.

10. 컴퓨터 프로그래밍, 코딩 및 기술 프로젝트에 대한 구체적인 질문.

11. 칼럼이나 뉴스 등 방대한 자료의 요약본 요청(분량 지정 가능).

4. 그 밖에 알아 두면 유용한 생성형 AI 종류

1. **텍스트를 입력하면 이미지로 만들어 주는 AI:** 달리 3(Dall-E 3), 스테이블 디퓨전(Stable Diffusion), 미드저니(Midjourney), 캔바(Canva), 어도비 파이어플라이, 재스퍼 아트(Jasper Art), 드림스튜디오(DreamStudio), 뤼튼 (Wtrn)

2. **내 사진을 넣으면 초상화를 생성해 주는 AI:** 셀카AI, 렌사(Lensa), 캐럿(Carat), 스노우-AI 아바타(Snow-AI Avatar), 스노우-AI 프로필 (Snow-AI Profile), 포토디렉터(PhotoDirector)

3. **사진 스튜디오 AI:** 포토룸(Photoroom), 라인 AI 사진관, 스튜디오 글로벌 (Studio Global)

4. **소설, 시, 시나리오와 같은 글쓰기 생성형 AI:** 라이터(Rytr), 노션 AI(Notion AI), 노블AI(Novel AI), 하이퍼라이트(HyperWrite), 텍스트코텍스(TextCortex), 카피에이아이(Copy.ai), 문빔(Moonbeam)

5. **텍스트를 입력하면 모바일앱 완성:** 애피파이(Appypie), 파티락

(PartyRock)

6. **애니메이션이나 채색 생성형 AI:** 웹툰 AI 페인터(Webtoon AI Painter), 리얼드로우(REALDRAW), 로즈버드 AI(Rosebud AI)

7. **1인 미디어 크리에이터를 위한 콘텐츠 생성형 AI:** 콜레리(Collery), 플레이그라운드(Playground), 인비디오 AI(InVideo AI), 신세시아(Synthesia)

8. **캐릭터, 보이스, 가상인간 생성형 AI:** 타입캐스트(Typecast), 캐릭터닷에아이(Character.ai)

9. **음악 생성형 AI:** 아이바(AIVA), 에크렛 뮤직(Ecrette Music), 사운드풀(Soundful)

하나의 생성형 AI에 텍스트, 그림, 글쓰기 등 복합적 기능을 탑재한 생성형 AI도 있다. 각 AI 프로그램 특성 중 가장 두드러지는 특징을 중심으로 분류했다. 무료와 유료 버전으로 나뉜 경우도 있으므로 반드시 버전 확인과 서비스 내용 등을 잘 읽고 필요한 경우에만 유료 서비스를 이용한다.

5. 돈 되는 나만의 챗GPT 만들고 GPT스토어에 등록하는 방법

오픈 AI는 GPT 빌더를 통해서 나만의 AI 즉, 챗GPT를 만들어 맞춤형 챗GPT 서비스를 만들고 사용할 수 있도록 했다. 이렇게 만들어진 챗GPT를 GPTs 라고도 하는데, GPT를 사고팔 수 있는 마켓 즉, GPT 스토어에 등록하면 일반 소비자들이 활용할 수 있게 된다. 직접 만든 나만의 특화된 GPTs를 내가 사용해도 되고 일반 인들에게 공개할 수도 있다. GPT 스토어에 등록해 공개하게 되면 추후 수익 창출의 기회도 만들어갈 수 있다.

내가 좋아하는 것, 나만의 지식과 정보, 남들이 좋아할 만한 것, 불편을 해소할 만한 것 등 나의 AI, 나만의 특화된 챗GPT 서비스를 만들어 보고 챗GPT를 리딩하며, 활용할 수 있는 경험을 해 볼 수 있다. 앞으로 어떤 분야라도 꾸준히 기록해야 하는 이유다. 기록은 노트보다 워드 파일 등을 이용해야 활용할 때 편리하다.

그럼 이제 나만의 GPT를 만들어 보자!

1. 챗GPT4 유료 버전 사용자여야 한다.

이 GPT 빌더 기능은 유료 버전인 챗GPT 4에서만 가능해서 무료 버전인 챗GPT 3.5에서는 안 된다. 나만의 GPT를 만들고자 한다면, 챗GPT 유료 버전으로 월 20달러(부가세 별도)를 지불해야 한다.

2. 챗GPT 내에 Explore GPTs 클릭

AI, 질문이 직업이 되는 세상

3. 화면 우측 My GPTs에 녹색 +Create 를 클릭

4. 만들고자 하는 GPT 내용 구상하기

GPT명, 설명, 소개 및 대화 샘플 등을 구상한다. Configure (구성)에서 바로 입력해도 되고, Create (제작)를 사용하면 편리하다.

Create에서 조언해 주는 대로 따라 수정 보완하면서 입력할 수 있다. 완성된 후에도 수정 업데이트가 가능하다. Create에서 시키는 대로 하고 나중에 Configure에서 수정하는 게 편하다.

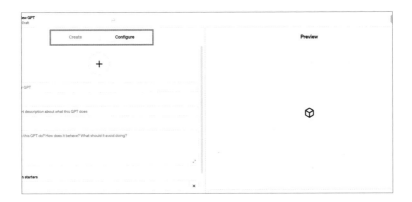

4-1. GPT 이름 만들기

만들고자 하는 내용을 가장 잘 설명하는 것으로 하고, 많은 소비자에게 눈에 띄면서도 간결한 이름이 좋다. 내용 작성 시 영어로 작성하는 것이 보편적이지만, 한글로 작성을 할 경우라면 영어로 복합적으로 내용을 구성하는 것을 고려해 보기를 추천한다.

4-2. GPT 프로필 사진 만들기

Create에서 차례대로 물어오는데 이름 다음에 프로필 사진에 대해서 물어본다. 내가 구상한 GPT 서비스에 맞는 그림을 프롬프트로 요청한다. 그려준 프로필이 마음에 들지 않아 계속 수정 요청하면 새로운 그림을 그려준다.

4-3. 기타 기본 질문 샘플을 정한다.

프로필 사진을 완성하고 나면 GPT 서비스에 나타날 기본 질문 샘플에 대해서 물어본다. Create에서 대화하면서 질문을 정하면 되고, Configure에서 다시 수정하면 된다.

내가 만든 GPT는 영어로 조언받아서 완성한 후 Configure에서 한글로 수정했다.

5. 완성되면 GPT는 다음과 같이 나타나게 된다.

나는 영어와 한글을 같이 작성했다.

6. 만들어진 나만의 GPT를 GPT 스토어에 등록하기

챗GPT 오른쪽 상단에 SAVE라고 있다. 클릭하면 Only me, Anyone with a link, Everyone이 있다. 이 중에서 모든 이가 볼 수 있게 Everyone을 선택해야 GPT 스토어에 등록이 가능하다.

AI, 질문이 직업이 되는 세상

7. 나만의 GPT 링크 클릭 복사하기

오른쪽 상단의 점 3개를 클릭하면 Copy link 가 있다. GPT 스토어에 입력하기 위해 복사한다. Delete GPT는 GPT를 없애고자 할 때 사용하면 된다.

8. GPT스토어에 나만의 GPT 링크 등록하기

GPT 스토어 (https://gptstore.ai/) 들어가서 오른쪽 상단에 Submit GPTs를 클릭하면 링크를 입력하라고 표시된다. 이전에 복사한 나의 GPT 링크를 붙여넣는다. 등록 대기시간은 5~10분 정도 소요된다고 메시지가 나온다(실제로는 이보다 시간이 더 걸릴 수 있다).

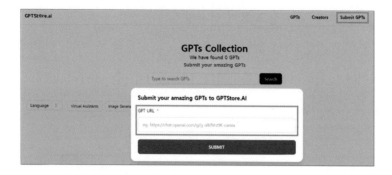

9. GPT 스토어에 등록 후 검색하기

나의 GPT명을 입력하고 Search한다.

10. GPT 스토어에 등재된 나만의 GPT인 Career Mentor(진로
진학 멘토)를 수시로 확인하여 업데이트 확인하기

GPT 스토어에 등록되어 있는 내가 만든 GPT를 수시로 확인하면서 업데이트 필요성이 있을 경우 업데이트하면 된다.

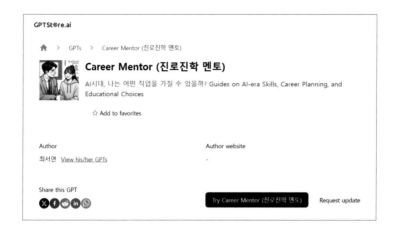

GPT 빌더를 통해 만들어진 나만의 GPT는 챗GPT를 기반으로 해서 대화가 이루어지기에 소비자가 필요로 하는 아이디어를 생각해 내는 것이 중요하다. 또한 Configure (구성) 하단에 내가 만들어 놓은 정보와 지식을 워드 파일로 만들어 업로드할 수 있다. 그 정보도 같이 혼합되어 나만의 서비스를 제공하는 챗GPT가 탄생되는 것이다. 코딩 자체가 필요 없는 노코딩 GPT 앱을 만드는 것으로 생각하면 된다.

6. AI 시대의 직업 변화 (진화) 30선

인공지능의 출현으로 앞으로 급격하게 일하는 방식이 바뀔 것이고 당연히 직업에 변화가 일어날 것이다. 완전히 사라지는 직업이 있는가 하면, 새로운 직업이 탄생하기도 한다. 또한 기존 직업들이 인공지능 및 디지털 기술과 결합하면 여러 산업이 결합된 융복합 형태도 나타날 것이다. 2023년 미공군에서는 XQ-58이라는 일명 '발키리'라는 복합 무인기 시험에 성공했다. 이 무인기가 의미하는 것은 향후 전쟁에서는 최전선에 유인 전투기 대신 유인 조종사가 후방에서 조종하는 무인로봇무인기가 적들과 전투를 벌이게 된다는 것이다. 이러한 경계가 무너진 미래 직업의 변화를 준비해야 한다.

현재의 직업이 인공지능과 디지털이 결합되어 지금과는 다르게 어떤 형태로 변화할지 살펴보았다. 이러한 측면으로 확대 발전할 것을 미리 예측하여 준비한다면 거시적인(큰 그림) 미래 진로 설계에 도움이 될 것이다. 이 예시에 거론되지 않은 직업에 대해서도 바뀌어 갈 형태를 고민해 보는 것도 좋겠다. AI를 접목하고 협업하고 컨트롤하는 능력이 앞으로의 직업 선택에 핵심임을 알고 각자 전략적 준비를 철저히 하기 바란다.

다음의 미래진로/직업 표는 AI와 디지털 기반 미래 트렌드를 반영했다. 이와 같이 예상한 미래직업 30선은 트렌드 변화에 따라서 그 형태나 명칭이 바뀔 수 있다.

<AI 시대의 진로/직업 30선>

기존의 진로/직업	AI/디지털 결합 미래 진로/직업
변호사	윤리 기술 변호사
용접사	로봇 용접 디렉터
자동차 정비사	자율주행차/UAM 정비사
아티스트(화가)	AI 아티스트
그래픽 디자이너	공간 컴퓨팅 컨설턴트
1인 미디어 크리에이터	기억 회상 창작 크리에이터
의사	AI 기반 치료 코디네이터
교사	휴머노이드 로봇 교사 매니저
로봇 공학자	휴머노이드 로봇 개발 매니저
사서	프롬프트 엔지니어 라이브러리언
농부	인공지능 팜 컨트롤 전문가
건축가	AI 기반 공간 디자이너
경찰관	범죄 예방 분석/로봇캅 코디네이터
소방관	데이터 기반 재난 예측 대응 전문가
금융 분석가	핀테크 코디네이터
작가	AI 콘텐츠 크리에이터
회계사	AI 파이낸스 데이터 코디네이터
운동 코치	피트니스 데이터 분석가
박물관 해설가	디지털 콘텐츠 해설가
심리학자	심리 데이터 분석가
행사 기획자	AI 이벤트 플래너

마케터	마케팅 데이터 분석가
HR 전문가	휴머노이드 로봇 관리 전문가
의류 디자이너	ICT(정보통신기술) 의류 디자이너
메이크업 아티스트	뷰티테크 크리에이터
기자	AI 생성 뉴스 매니저
작곡가	AI 뮤직 편곡가
조종사	자율 비행 UAM 조종사/우주비행사
여행 가이드	우주 여행 가이드
판사	AI 로봇 판사 매니저

*코디네이터: 조정자라는 단어로, 여기에서는 여러 분야를 융합해서 프로젝트를 진행하는 작업자를 지칭한다.
*매니저: 관리자라는 뜻으로, 여기에서는 어떤 조직이나 프로젝트의 운영 및 관리를 담당하는 사람을 의미한다.

7. AI 시대 필독 추천도서 100선(문해력 높이는 도서 100선)

AI 시대에는 정보 이면을 파악하는 리터러시 능력이 각 개인의 생존을 결정짓는다고 해도 과언이 아니다. 미래 전략가로서 그간 연구한 데이터, 상담 사례, 그리고 성공한 분들과의 만남을 통해서 알게 된 통찰력 등을 종합 판단해 청소년들에게 도움이 될 만한 도서 100권을 선별했다. AI 시대를 살아가야 할 청소년들을 위한 미래 준비 전략서다.

AI, 질문이 직업이 되는 세상

이 도서들은 인문, 자기계발(퍼스널 브랜딩), 미래 전략, 경제경영, 과학 도서 등을 총망라하였고, 카테고리별로 분류하고 도서별 간략한 내용을 요약하여 이해를 도왔다. 일부 도서는 중·고등학생들의 수준을 뛰어넘는 도서가 있을 수도 있으나, 훗날 성인이 되어서 다시 읽어 보면 다른 통찰력을 얻을 수 있을 것이다. 각 도서들은 제목만 표시하였고 저자와 역자 등은 제외하였다. 해외 도서일 경우는 역자에 따라 내용이 다를 수 있어 각자의 판단으로 선택하면 된다.

고전과 현대 문학

1. 『파우스트』: 인간의 욕망과 구원의 길을 탐구한 서사시로 인간의 본질적 욕망과 구원의 갈등 및 지식과 경험을 통해 인간이 성장하고 구원에 이르는 과정을 다루고 있다. 인공지능이 인간의 편익을 위한 구원자로 다가왔을 때 그것이 진정한 행복이 될지에 대해 생각해 볼 수 있다.

2. 『그리스 로마 신화』: 그리스 로마의 신과 영웅들의 이야기로 인간의 삶과 사회를 상징적으로 보여 준다. 상상으로만 전해 온 신의 이야기를 새롭게 출현한 인공지능 문명과 연결해 보는 것도 매우 흥미롭다.

3. 『노인과 바다』: 인간의 의지와 인내의 승리를 그린 단편소설

로 고기잡이 나간 노인의 84일간의 고군분투를 그리고 있다. 여기에 나온 상어와 인공지능의 공습이 일자리 상실로 이어질 미래와의 연관성을 상상해 보자.

4. 『플라톤 대화편』: 소크라테스를 중심으로 한 철학자들의 철학, 진리, 정의, 국가, 교육 등 다양한 주제에 대한 고대 그리스의 사상이 담겨 있다. 심오한 자기 성찰과 그 성찰에 기반한 철학의 흐름과 표현을 나타내는 고급 대화법을 파악할 수 있다.

5. 『돈키호테』: 귀족 돈키호테가 기사가 되어 부정에 대항하고 어려운 사람들을 돕는 과정에서 일어나는 모험과 경험을 이야기한 풍자 소설이다. 인공지능을 거부하고 아날로그로만 사는 괴짜가 되는 것이 어떨지에 대해서도 생각해 보자.

6. 『실천 이성 비판』: 자유 의지와 도덕 법칙의 역할을 강조하면서 도덕 철학의 원리를 조사하고 확립하는 철학적 작품이다. 이 작품을 깊게 성찰하면, 인공지능 활용에 대한 윤리적인 측면과 칸트의 '목적의 왕국'에 대한 자신의 생각을 정립할 수 있을 것이다.

7. 『열하일기』: 조선 후기 연암 박지원이 중국 연경을 거쳐 열하까지 여행하며 본 청나라의 기행문이다. 조선 후기 사대부들이 청

을 오랑캐의 나라로 무시한 것과는 달리 청나라의 발전과 신문물을 기록하고 있다. 세상에 눈을 떠야 하는 이유를 알 수 있는 작품으로 보이지 않는 미래를 예측해 보는 힘을 기르는 데 도움이 된다.

8. 『황무지』: 제1차 세계대전 이후 패전국 독일은 물론 승전국 영국, 프랑스조차 전쟁으로 인해 정신적으로 황폐한 상황이었고, 이를 시적으로 표현했다. 전쟁 이전의 모든 표준이 바뀌어 버린 황무지 시대, 갑자기 다가온 인공지능 혁명으로 인한 사회적 공황 상태인 2024년 우리 사회를 연상시킨다.

9. 『어린 왕자』: 인간의 내면에 존재하는 순수함을 그리워하는 어린 동심을 그리고 있다. AI 시대 가장 인간다운 모습(순수와 사랑)이야말로, 데이터로 이루어진 인공지능을 제대로 다룰 수 있는 유일한 경쟁력이다. 동심=호기심, 궁극적으로 질문과 의문을 담고 있을 때 우리는 인공지능을 제대로 활용할 수 있지 않을까?

10. 『프랑켄슈타인』: 지각 있는 생물을 창조하는 젊은 과학자 빅터 프랑켄슈타인의 이야기를 담은 소설로 야망, 책임감, 인간 조건이라는 주제를 담고 있다. 인공지능의 개발에만 초점이 맞춰진다면, 새로운 프랑켄슈타인이 만들어질 위험성은 없는지 생각해 볼 수 있다.

11. 『일리아드 오디세이아』: 고대 그리스 서사시로 '일리아드' 는 트로이 전쟁이 일어난 지 10년째 되던 해의 몇 달을 자세히 설명하고, '오디세이아'는 트로이 전쟁에서 돌아온 오디세우스의 모험을 이야기한다. 영화 〈트로이〉와 연결해서 보면 인공지능 시대 모험을 더욱 생생하게 그려 볼 수 있다.

12. 『논어』: 중국 철학자 공자와 그의 제자들이 남긴 말과 사상을 모은 내용으로 도덕, 윤리, 적절한 사회적 관계에 대한 대화를 들려준다. 인공지능과 인간의 새로운 관계 정립을 생각해 보는 데 도움이 될 수 있다.

13. 『데미안』: 청년들이 자신만의 존재 가치, 즉 참된 자기 자신(자아)을 찾아가는 여정을 그리고 있다. 인공지능이 미래에 긍정적인 측면에서 사용될지, 부정적으로 나아갈지에 대한 방향성은 청년들이 자아를 어떻게 찾는가에 달려 있다는 점을 생각해 볼 수 있는 작품이다.

14. 『레미제라블』: 19세기 프랑스를 배경으로 한 서사 소설로 사회적 불의, 구원, 혁명에 대한 이야기를 들려준다. 영화 〈레미제라블〉과 비교를 통해 비판적 사고를 기를 수도 있다.

AI, 질문이 직업이 되는 세상

15. 『잃어버린 낙원』: 인간의 타락에 대한 성경 이야기를 자세히 설명하고 자유 의지, 유혹, 구원이라는 주제를 담고 있는 서사시다. 인공지능이 널리 사용되는 미래 사회가 존재하는 낙원이 될지, 잃어버린 낙원이 될지를 연관 지어 생각해 볼 수 있다.

16. 『위대한 개츠비』: 뉴욕을 배경으로 제1차 세계대전에서 승리한 후 엄청난 풍요 속에 찾아온 도덕적·윤리적으로 타락한 미국 사회를 드러내며 격변기 시대의 아메리칸 드림의 허상을 보여 준다. 대부분 사람들은 인공지능을 활용해 많은 지식을 얻을 수 있으나 인공지능이 시키는 대로 지식을 습득하는 것이 자신에게 긍정적일지에 대해 생각해 보게 한다.

17. 『나의 라임 오렌지나무』: 브라질의 산업화 부작용으로 나타난 빈곤층 가정과 사회 현실을 그린 작품으로, 인공지능 시대 역시 인공지능의 정보 지식화 속도에 의해 빈부격차가 커질 가능성에 대해서 생각해 볼 수 있다. 영화 〈엘리시움〉과 연결해서 보면 인공지능이 보편화될 미래 사회가 어떻게 펼쳐질지 각자 나름대로 상상해 볼 수 있다.

18. 『자유론』: 인류가 나아가야 할 길은 개인의 자아 완성과 자유의 신장에 있다고 보고, 공리의 원칙에 충실하면서도 개인의 개

별성을 보존하는 길을 제시하고 있다. 밀의 『자유론』에 대한 여러분의 판단은 미래 생존에서 가치의 중심을 어디에 둘지를 결정하는 중요한 요소가 될 것이다. 앞으로 인류는 인공지능을 그것 자체 이상의 다른 존재로 사용할 텐데 각자의 인공지능에 대한 기준 정립이 필요하다.

19. 『영혼의 편지』: 삶이 흔들릴 때, 새로운 영감과 도전이 필요할 때, 누군가에게 믿음을 전하는 사람이고 싶을 때, 세상과 자신을 바라보던 고흐의 내면을, 더불어 고흐와 편지를 주고받은 동생 테오와 친구 라파르트와의 심리를 파악할 수 있다. 인공지능과 나와의 관계를 정립할 때 어떤 심리적 변화가 있을지를 염두에 두고 읽어보기를 추천한다.

20. 『고도를 기다리며』: 시골 길가의 마른 나무 옆에서 '고도'를 기다리는 부랑자 두 사람과 난폭하고 거만한 폭군과 노예, 그리고 '고도가 오지 않으리라는 것'을 알려 주는 귀여운 소년의 이야기가 담겨 있다. '고도'가 사람이 될 수도 있고 희망이 될 수도 있는 저마다의 다양한 견해를 상상해 볼 수 있다. 즉, 비판적 사고의 핵심인 다양성에 기반한 자유로운 사고를 할 수 있는 최고의 작품이다.

21. 『맥스 테그마크의 라이프 3.0』: 인공지능의 미래와 그것이 우주에 미치는 잠재적인 영향을 담고 있으며, 인공지능이 인간의 지능을 능가할 때 삶이 어떻게 변할지 논의하고 윤리적이고 실존적인 질문을 검토해 본다. 2023년 12월에 출시된 구글의 제미나이를 비롯해 AGI에 최근접한 인공지능 출현을 눈앞에 둔 현시점에서 2017년에 출간된 이 책의 예측과 비교해 보면 통찰력이 얼마나 중요한지 알 수 있다.

22. 『슈퍼인텔리전스』: 인공지능이 발전하여 인간의 능력을 훨씬 더 능가하는 초지능 개발 과정에서 인류가 심도 있게 고민해야 할 문제점을 알리고 있다. 우리가 무엇을 생각하고, 어떤 결정을 내려야 하는지에 대해 의문을 제기함과 동시에, 인공지능 개발의 현재와 미래를 전망한다.

23. 『마스터 알고리즘』: 인공지능의 핵심인 머신러닝에 대한 개요 설명과 사회에 미치는 혁신적인 영향, 그리고 인공지능의 다양한 사고방식이 '마스터 알고리즘' 탐구에 어떻게 기여하는지를 다루고 있다.

24. 『생각에 관한 생각』: 인간의 두 가지 사고체계인 '빠른 직관'

과 '느린 이성'의 충돌과 융합을 독창적 사례 분석으로 도출해 내고 있다. 행동경제학의 기원과 탄생, 발전 과정을 한눈에 통찰하는 흥미로운 인간의 정신 생활을 적나라하게 설명한다.

25. 『특이점이 온다』: 인공지능이 인간의 지능과 융합해 급속한 기술 성장으로 이어지는 미래 예측과 특이점(싱귤래리티)의 윤리적·철학적 의미를 담고 있다. AGI 시대를 앞두고 레이 커즈와일의 특이점, 인간을 능가하는 인공지능의 출현을 바라보는 작가의 혜안을 살펴볼 수 있다.

26. 『챗GPT는 심리상담을 할 수 있을까?』: 인공지능이 인간의 지혜를 대신할 수 있을지에 대한 이 시대의 궁극적인 질문을 던지고 있다. 막힘없는 챗GPT와의 대화 속에서 인간과 인간의 대화와 소통의 절실함을 깨닫는 기회가 된다. 인간이 인간다울 때가 언제인지 그 본질적 의문을 깊이 생각하도록 여운을 주는 책이다.

27. 『더 커밍 웨이브』: 구글 알파고 개발의 주역인 무스타파 술레이만이 제시하는 인공지능과 인류의 미래에 대한 이야기다. 슈퍼 AI, 합성 생물학 등 첨단기술의 잠재력과 위험성을 다루며, 인공지능의 안전을 위한 방법을 제안한다. 예상치 못한 미래 변화를 인간이 통제할 수 있는 방식에 대한 저자만의 전략을 분석하고, 인

AI, 질문이 직업이 되는 세상

공지능의 미래에 대한 통찰력을 빌드업하는 데 도움이 될 것이다.

28. 『미래의 나를 구하러 갑니다』: '현재란 미래에 대한 실시간 대응이자 과거 경험의 끊임없는 재해석'이라는 부분이 핵심이다. 임상·상담심리학자인 저자는 '미래를 어떻게 생각하는가'에 따라 현재나 과거에 대한 해석이 어떻게 달라지는지를 다양한 근거로 뒷받침해 보여 준다. 자신과의 거리를 어떻게 좁혀 나가고 회복해야 하는지 잘 설명하고 있어 미래의 삶에 회의감과 고민이 있는 현시점의 우리들에게 희망적 메시지를 던진다.

29. 『대량살상 수학무기』: 정부, 기업, 사회에 도입된 데이터 기반의 알고리즘 모형들은 인종차별, 빈부격차, 지역차별 등 인간의 편견과 차별, 오만을 코드화해 불평등을 확대하고 민주주의를 위협하고 있다고 주장한다. 이 책에서는 인공지능의 데이터 편향, 필터버블 현상, 알고리즘의 권력화를 이야기한다.

30. 『마음의 사회』: 인공지능의 선구자인 MIT 대학의 마빈 민스키 교수는 인간 감정의 작용과 감정이 기계에서 어떻게 복제될 수 있는지에 대한 통찰력을 제공하며 심리학과 인공지능의 주요 측면을 다룬다. 인공지능 개발의 철학적 기초를 다지는 내용을 담고 있다. 사람 같은 인공지능의 법적 지위와 앞으로 우리의 동료가 될

AGI를 장착한 로봇 동료와의 관계 및 그들의 심리를 예측할 수 있는 재료를 제공해 준다.

31. 『AI 슈퍼파워』: 놀라운 인공지능 기술 성장을 보인 중국의 경쟁 전략을 담고 있다. 점점 격화되는 인공지능 경쟁이 실제 사람들의 일과 직업에 어떤 의미를 갖는지 읽기 쉽게 그려 내고 있다. 어떤 직업이 인공지능의 영향을 가장 많이 받는지, 어떤 직업이 인공지능으로 강화될 수 있는지를 이해하는 데 도움이 될 것이다.

32. 『블라인드 사이트』: 외계 지능과의 첫 접촉 이야기를 통해 인간 의식과 지능의 본질을 탐구하는 SF 소설이다. 여기서 외계인은 인간의 지능을 뛰어넘은 AGI로 바꿔서 생각해 보는 것도 흥미롭다.

33. 『제2의 기계 시대』: 기술의 진보가 컴퓨터와 로봇으로 상징되는 기계와 인간의 관계를 재설정하는 2024년 현재를 예상하고 있다. 인간과 기계가 공생하기 위해서는 무엇이 필요한지에 대한 깊은 통찰을 보여 주며 미래를 전망한다.

34. 『알고리즘, 인생을 계산하다』: 컴퓨터 과학 알고리즘을 실생활에 적용하여 복잡한 문제를 가장 빠르게 해결하고 합리적인 선

택을 하게 하는 방법을 알려 준다. 컴퓨팅 사고의 접근 방법으로 문제 해결 방법을 도출해 내고 인공지능의 활용을 시각화하는 데 도움을 준다.

35. 『지금 이 순간을 살아라』: 과거도 미래도 아닌 현재, 바로 지금의 중요성을 강조하며 변화의 시작이 바로 지금이고 나로부터 시작함을 담고 있다. 현재를 직시하고 미래에 대한 통찰력을 기르는 데 영감을 준다.

36. 『호모 데우스』: 답을 제시하기보다 더 많은 질문을 유도하여 인류가 향하고 있는 방향과 우리가 만들고 싶은 미래가 어떤 것인지 독자들이 판단하도록 리딩하고 있다. 인공지능 시대에 인간이 살아갈 미래를 상상하는 데 도움이 된다.

37. 『사피엔스』: 인류는 신과 국가와 기업에 대한 허구의 이야기를 만들어내 문명을 탄생시켜 발전해 왔다는 저자의 말처럼 인문학이 코딩을 아는 것보다 중요하고 인공지능 엔지니어와 데이터 분석가의 전문 지식뿐 아니라 시인, 철학자, 역사가의 지혜가 담긴 인문학적 소양이 얼마나 중요한지 강조한다.

38. 『마이너리티 리포트』: 첨단 컴퓨터 시스템으로 미래의 범죄

자를 단죄하는 내용으로 톰크루즈 주연의 영화 〈마이너리티 리포트〉의 원작이기에 내용 자체를 이해하는 것은 어렵지 않다.

39. 『작별인사』: 자신이 인간인 줄 알고 살아왔던 휴머노이드의 이야기를 다룬 소설이다. 인공지능과 인간을 구분하기 힘든 세상에서 어느 날 자신이 인간이 아님을 깨닫고 인간과 휴머노이드 사이에서 갈등하며 인간다움이 무엇인지를 느끼게 해 주는 소설로, 앞으로 다가올 인공지능 시대를 상상해 보며 인간다움의 중요성을 생각해 볼 수 있다. 영화 〈알리타〉와 연결해서 읽어보길 바란다.

40. 『과학혁명의 구조』: 과학혁명의 시기에 발견된 이상 현상은 새로운 패러다임을 야기한다. 이는 오래된 데이터에 새로운 질문을 던지고 새로운 연구의 방향을 변경한다. 고도화된 인공지능의 출현으로 오래된 데이터(고전 및 인문학)에 대한 재해석과 새로운 기술에 적용할 수 있는 통찰력을 제공해 준다.

창의성, 비판적 사고, 논리학

41. 『훔쳐라, 아티스트처럼』: 상상 속에 머물던 생각을 아이디어로 바꾸는 가장 현실적인 10가지 방법을 제시한다. 챗GPT 같은 생성형 인공지능에 던질 질문에 대한 아이디어를 구체화하는 데 도움이 된다.

42. 『아티스트 웨이』: 작가가 제시하는 모닝 페이지에 내면의 소리를 적어 나가거나 잠시 밖으로 나가 자기만을 위한 아티스트 데이트를 통해 일상적으로 창의적 활동을 수행할 수 있도록 유도하는 책이다. 창의성 계발에 매우 큰 도움이 되는 책이다.

43. 『유쾌한 크리에이티브』: 인공지능 시대에 필요한 창의성은 자신감에서 비롯되며 창의적 잠재력을 발현해 일상에서 맞닥뜨리는 다양한 문제를 해결하고 혁신을 일으키는 방법에 관한 궁극적 해답을 찾아 주는 실용서다.

44. 『뇌는 어떻게 결정하는가』: 의사결정 메커니즘을 뇌과학, 심리학, 경제학으로 밝혀낸 이 책은 사람의 행동 분석 결과를 바탕으로 수없이 부딪히는 결정의 갈림길에서 현명한 결정을 내리기 위한 실질적인 지침을 제시한다. 물론 이러한 결정 과정은 창의적 사고를 기반으로 한다는 점은 숨겨진 키포인트다.

45. 『지루하면 죽는다』: 거장들의 문학, 음악, 영화부터 혁신적인 광고와 거대 구독자를 보유한 유튜브 채널까지 다양한 베스트셀러의 패턴과 심리적 전략을 해부하여 매력적인 콘텐츠를 찾는 미스터리 전략을 보여 준다. 급상승하는 콘텐츠를 창작하길 원하는 이들이라면 많은 아이디어를 얻을 수 있을 것이다.

46. 『천재들의 창조적 습관』: 재능보다 노력의 중요성을 강조하는 책으로, 작은 노력을 습관화하는 것이 창조의 핵심 포인트라고 주장한다. 창의성을 계발하는 실용적인 가이드를 제시하고 있다.

47. 『블링크』: 소방관, 의사, 세일즈맨 등 순간의 선택으로 운명을 바꾼 사람들에게서 배우는 판단의 기술. 한 줌의 정보로 전체를 꿰뚫어 보는 통찰력 계발법을 제시한다. 특히 콘텐츠에 관심이 많은 학생들에게 많은 영감을 줄 수 있다.

48. 『불행 피하기 기술』: 어떻게 좋은 삶을 살 것인가라는 오랜 철학적 질문에 최신 심리학 이론, 고대 그리스 철학, 워런 버핏 등과 같은 투자가들의 지혜 등 52가지 방법을 제시하고 있다. 인문학적 사고와 다양한 경험을 한 고등학생 이상의 학생들에게 추천한다.

49. 『새로운 미래가 온다』: 창의성과 감성적 가치를 중시하는 '하이컨셉 하이터치' 시대에 필요한 6가지 조건으로 디자인Design, 스토리Story, 조화Symphony, 공감Empathy, 놀이Play, 의미Meaning를 꼽고 있다. 이들 조건을 고루 갖추어야 좌뇌가 이끄는 이성적 능력을 보완할 수 있다는 것이다. 인공지능 시대를 준비하는 미래 전략 수립에 큰 그림을 그려 줄 수 있는 실천서이다.

50. 『논증의 기술』: 논리적으로 생각하는 방법과 생각을 설득력 있게 말이나 글로 표현하려고 할 때 반드시 지켜야 할 규칙을 일목 요연하게 정리하고 있다. 논리 전개 방식을 제대로 배우고 싶은 학생들에게 추천한다.

51. 『패러독스의 세계』: 패러독스(역설)의 본질에 대해 다루고 있다. 저자는 도저히 해결할 수 없는 모순이 있을 때 그것이 어디서 생겨나는지를 다양한 역설과 수수께끼를 예로 들며 이야기를 풀어나간다. 문제 해결의 지혜를 얻을 수 있다.

52. 『철학의 세 가지 질문』: 임마누엘 칸트가 제시한 세 가지 질문을 풀어낸 책이다. 나는 무엇을 알 수 있는가, 나는 무엇을 원해도 되는가, 나는 무엇을 해야 하는가를 서로 다른 입장을 가진 철학자들의 사상을 비교, 분석하고 있다. 철학적 논쟁을 구체적 사례와 설명을 통해 쉽게 이해하고 접근할 수 있도록 서술해 인공지능 시대에 새로운 철학 정리에 도움을 준다.

53. 『기호 논리학』: 논리학의 엄밀성을 모범적으로 실천하는 책으로, 논리저 사고와 글쓰기 방식을 체득하게 해 준다. 수학을 좋아하거나, 수리논리학에 관심이 많은 학생이면 이 책을 깊게 볼 필요가 있다.

54. 『마흔에 읽는 쇼펜하우어』: 쇼펜하우어는 철학자, 과학자, 심리학자, 문학가, 법조인, 음악가, 정치인 등 각 분야에 이론적 토대와 영향을 준 세계 거장들의 철학자다. 하지만 그 역시 40대가 되어서야 세상의 인정을 받기 시작했다. 이 책에서 언급한 "고난, 고통, 실패 없이 성공도 없다"라는 점을 되새겨 주는 인생설계서이다. 인공지능 시대, 좌절보다는 도전 속에서 자신의 성장을 그려 나가는 용기를 얻는 데 도움이 될 것이다.

55. 『상처받지 않는 관계의 비밀』: 웹툰으로 알려 주는 인간관계 심리 처방전. 심리학이나 자기계발서보다 대인관계에 대한 창의성을 빌드업해 주는 매우 독특한 경계 파괴 도서다. 남녀관계, 가족, 사회관계로 3부로 나누어 생생한 사례와 흥미로운 웹툰, 콕 짚어 주는 실용적인 관계 꿀팁까지 다채롭게 구성되어 있다. 이러한 인간관계는 결국 인공지능과 인간, 인간과 인간의 관계 빌드업에 혜안을 청소년들에게 제공할 것이다.

56. 『AI는 인문학을 먹고 산다』: 실리콘밸리 기술자들은 왜 시를 읽고 철학 토론을 즐기는가에 대한 의문에 명쾌한 해답을 제시하며, 청소년들에게 어떻게 인문학적 소양을 기르게 할 것인지 혜안을 제공한다. 인공지능 시대를 준비하기 위해 창의적 사고와 비판과 융합의 퍼즐은 인문학에서 이루어짐을 강조한다.

57. 『생각을 깨우는 수학』: 수학을 공부하는 가치가 무엇인지, 또 어떻게 수학적 사고에 접근할 수 있는지에 대한 방법이 담겨 있다. 새로운 비판적 해석법으로 수학에 대한 흥미와 자신감을 높이는 것은 물론 모든 분야에 비판적 사고와 창의성, 융합 능력을 기르는 데 큰 도움이 될 것이다.

58. 『아이디어가 폭발하는 생각법』: 비판적 사고는 물론 창의력, 융합적인 마인드를 기를 수 있는 여러 방법을 구체적으로 제시하고 있다. 좋은 아이디어가 없는 것이 아니라, 머릿속에 있는 아이디어를 끄집어 내는 것이 창의적 사고의 핵심이다. 챗GPT 시대에 어떻게 질문해야 할지에 대한 구체적 전략 응용서다.

59. 『생각이 돈이 되는 순간』: 피카소, 모차르트, 스티브 잡스, J. K. 롤링 등 이들이 거둔 빅히트 아이디어 뒤에 숨어 있는 예측 가능한 과학을 설명하고 있다. 모방하면 그 누구라도 돈이 되는 생각을 실체화할 수 있는 '크리에이티브 커브Creative curve' 성공 공식을 설명한다. 크리에이티브 커브와 챗GPT 같은 생성형 인공지능과 결합하면 어떠한 일이 발생할지를 상상해 볼 수 있는 전략서이다.

60. 『컨셔스』: 자기 자신을 알고 리딩하며 의식이 깨어 있는 삶에 이르는 길을 안내한다. 각자 새로운 의식체계를 구축하여 지금

까지와는 전혀 다른 인생을 살 수 있다는 인식의 전환을 강조한다. 인공지능 시대에 청소년들에게 필요한 의식의 전환에 대한 근본적인 질문과 해답을 찾을 수 있게 이끈다.

자기 계발, 미래 진로, 동기 부여

61. 『아주 작은 습관의 힘』: 생물학, 뇌과학, 심리학의 최신 연구 결과를 집약해서 습관 하나로 인생을 변화시키는 네 가지 법칙을 제시한다. 익숙한 습관을 버리고 인공지능 시대에 필요한 새로운 습관을 만들려고 할 때 도움을 받을 수 있다.

62. 『새로운 미래 뭐하고 살까?』: 미래 직업과 연결 짓는 미래형 진로 교육의 모델을 담고 있다. 학교 현장의 학생들과 실제 수업을 진행하면서 끌어올린 언어들을 고스란히 표현했다. 4차 산업혁명, 신직업 등 미래의 급격한 변화 속에서 진로와 직업 세계를 탐구해 볼 수 있는 통찰력을 깊이 다루고 있다. 인공지능이 보편화된 미래에 자신의 진로를 찾는 데 힌트를 얻을 수 있을 것이다.

63. 『4차 산업혁명 시대, 전문직의 미래』: 첨단 기술의 변화에 따라 직업은 달라질 수밖에 없다. 의사, 변호사, 회계사, 컨설턴트 등 전문직의 변화와 갖추어야 할 능력의 변화에 대해 신랄하게 이야기하고 있다. 챗GPT와 제미나이의 출현 이후 지식이 대중화되

고 첨단 기술이 인간의 기교와 기술을 대체하는 시대에서 전문직의 변화를 이해하는 데 도움이 된다.

64. 『성공의 새로운 심리학』: 자신의 마인드 셋에 따라 인생이 좌우된다고 설명하며 이러한 근거를 심리실험과 다양한 사례를 통해 증명한다. 스타 운동선수들과 교사들, CEO 등의 예를 구체적으로 제시하면서 학생 개인의 자기계발뿐만 아니라 교사와 학부모들도 활용할 수 있도록 구성되어 있다.

65. 『성공하는 사람들의 7가지 습관』: 습관을 바꿀 수 있는 실천서로 자기 관리, 목표 설정과 실천, 일의 중요도 파악을 통한 효율적인 의사결정 등 인공지능 시대에 꼭 필요한 인간의 능력을 빌드업할 수 있는 실행서다.

66. 『데일 카네기 인간관계론』: 미래의 인간관계뿐만 아니라, 앞으로 동료가 될 인공지능과의 협업에서도 기본 원리가 될 지침서이다. 인간 본성의 이해, 효과적인 의사소통 특히 논쟁을 피하고 다른 사람의 의견을 존중하며 잘못을 인정하여 불일치를 완화하는 것이 중요하다고 언급한다. 갈등의 해소와 대인관계 발전 측면에서 매우 큰 도움이 되는 책이다.

67. 『커피의 정치학』: 공정무역이 주는 사회·경제·환경적 혜택을 파헤친다. 커피 생산 농가들과 공동체의 삶을 통해 공정무역의 일상적 영향과 한계를 꼼꼼히 분석하고, 공정무역 시장과 세계 경제와의 관계를 다루고 있다. 현재 논쟁 중인 데이터 주권에 대한 국제관계학적 측면을 예측하는 데 큰 도움이 된다.

68. 『죽은 경제학자의 살아있는 아이디어』: '경제학은 왜 이렇게 난해하고 복잡할까?'라는 물음을 위대한 경제학자들의 생생한 목소리를 통해 풀어 볼 수 있는 책이다. '경제'라는 어려운 주제를 쉽게 풀어내려는 작가의 노력이 돋보이지만, 중·고등학생들에게는 다소 어려울 수 있어 챗GPT를 활용해 읽기를 추천한다.

69. 『아웃라이어』: 보통 사람의 범위를 넘어서는 비범한 사람, 즉 천재들에 관한 이야기를 다룬다. 이들의 공통점은 숨겨진 이점과 특별한 기회 요소를 잘 이용했다는 것인데, 그것이 현재 시점에서는 숨겨진 잠재력과 인공지능 활용 능력이라고 이야기할 수 있다. 자신의 성공 요소를 찾아볼 수 있는 계기가 될 것이다.

70. 『퓨처 셀프』: 미래의 자아를 상상하는 것은 현실의 나를 움직이게 하는 큰 원동력이 된다. 초·중·고학생들이 포기하고 싶은 어떤 어려움에 직면했을 때 이 책에서 어떠한 동기 부여를 찾을 수

있을 것이다.

71. 『노동 없는 미래』: 로봇이나 기술이 인간의 노동을 대신하여 기본소득제가 하나의 해답이 될 수 있다고 말한다. 로봇이 우리의 일자리를 대신하는 것이 우리에게 어떤 변화를 가지고 올 것인가? 기계가 인간의 노동을 대신해 인간은 장밋빛 미래를 맞이할 수 있을지에 대한 질문을 던지고 있다. 앞으로 몰려올 인공지능 시대를 상상해 볼 수 있다.

72. 『1984』: 인공지능 시대에 맞춰 재해석이 가능한 작품이다. 전체주의라는 거대한 지배 시스템 앞에 놓인 한 개인의 저항과 파멸 과정을 적나라하게 보여 주는 디스토피아적 소설이다. 인공지능이 통제하는 미래 사회(디스토피아)가 우리 앞에 온다면 우리는 어떠한 태도를 취해야 할까?

73. 『로봇 시대에 불시착한 문과형 인간』: 문과생의 언어로 복잡한 인공지능을 설명하는 것이 가능할까? 생성형 인공지능 출현으로 이제 문과생의 비판적 사고에 기반한 질문 능력이 매우 중요해졌다. 이과와 문과의 경계가 무너지는 미래를 앞두고 문과생 출신이지만, 인공지능을 설명하는 작가의 식견을 습득해 보자.

74. 『빈곤의 종말』: 전 세계 6분의 1 인구가 속해 있는 절대 빈곤층은 인간의 존엄성은 물론 생존에 필요한 경제적 혜택조차 누리지 못하고 있다. 이러한 빈곤은 챗GPT 이후 절대적인 경제적 빈곤이 디지털 격차로 인한 정보의 빈곤으로 이어질 가능성이 높다. 이러한 디지털 격차와 미래의 절대적 빈곤을 연결해 생각해 보자.

75. 『지방 소멸』: 지방 소멸과 인구 감소로 인해 결국 국가가 소멸될 수 있다는 화두를 던지고 있다. 2023년 한국의 합계출산율 0.7명으로 현재 이민청 신설 이슈와 관련하여 인공자궁으로 휴머노이드 로봇의 출산 문제와 연결해서 생각해 보면 좋은 주제다. 매우 좋은 창의적인 통찰력을 제공해 줄 것이다.

76. 『나는 왜 이 일을 하는가 2』: 이 책의 가장 큰 힘은 우리 삶에 대해 근본적인 의문을 던지고 있다. 우리는 왜 사는가? 왜 이 직업을 택했는가? 독서를 왜 하는가? 등 질문을 통해 나의 내면을 볼 수 있는 기회를 제시한다. 작가의 독창적인 시각과 질문법을 통해 나만의 사고를 확대시켜주는 데 도움을 준다.

77. 『소년의 심리학』: 20년 동안 남자아이들과 부모, 교사를 만나 온 경험을 토대로 지금 남자아이들이 처해 있는 상황을 어떻게 이해하고 도울지에 대한 현실적이고 통찰적인 시각을 담고 있다.

중·고등학생 시절 고민을 실제적으로 담고 있다는 점에서 공감이 되고 삶의 어려움을 이겨 내고 자신의 미래를 생각해 볼 계기를 제공한다.

78. 『하버드 100년 전통 자기관리 수업』: 하버드 대학교에서 하는 수많은 인재들의 정신적·육체적 고도의 훈련을 24강으로 집대성했다. 생각, 감정, 행동, 인간관계, 시간 관리, 습관 등 삶의 모든 방면에서 지금의 나를 넘어서는 방법을 제시한다. 이러한 방법은 인공지능 시대의 필수 역량을 기르기 위해서도 필요한 과정이다.

79. 『엔트로피』: 인간 문명의 지속 가능성과 미래 변화에 대해 이야기하고 있다. 엔트로피는 에너지의 분산과 무질서함을 의미하는 물리학 용어이며, 이 책에서는 엔트로피를 인간 문명의 발전과 지속 가능성에 대한 은유적 용어로 사용한다. 현재 문제가 되고 있는 탄소제로, 재생에너지, RE100(100프로 재생에너지 정책)의 시대적 트렌드를 연결하면 미래 에너지 정책의 통찰력을 기를 수 있다.

80. 『레버리지』: 5만 파운드 빚을 진 한 남자를 3년 만에 백만장자로 만든 시스템인 자본주의를 내 편으로 만드는 레버리지 기술을 담고 있다. 초등학교에서 대학까지 16년간 많은 돈과 시간을 투자해서 우리는 무엇을 얻고자 하는가? 투자가 무의미해지지 않도

록 AI 시대를 대비한 전략을 생각하게 하는 전략서이다.

과학 및 탐험, 미래 개척 정신

81. 『스티브 잡스』: 스티브 잡스의 삶을 통해 예술과 과학을 구별하지 않는 그의 천재적 창의성을 배우고 애플의 성공은 기술만이 아닌 인문학에 결합된 과학기술어어야 한다는 깊은 철학에 있었음을 보여 준다. 인공지능 시대, 인문학의 중요성이 부각되는 이유를 매우 명확하게 알 수 있으며, 10대들이 미래를 위해 무엇을 준비해야 할지 알려 주는 지침서로서 손색없다.

82. 『일론 머스크』: 부족함과 고통이 성공의 기반이 되고 호기심과 끊임없는 질문이 미래의 혁신을 이루는 토대가 된다는 것을 정확히 알 수 있는 책이다. 그의 질문과 괴팍함으로 전기차, 화성으로 인도하는 사람이 될 수 있었다. 인공지능 시대 낯선 것에 맞서는 도전과 질문을 해야 하는 지침서로도 훌륭하다.

83. 『코스모스』: 우주의 탄생과 은하계의 진화, 태양의 삶과 죽음, 우주를 떠돌던 먼지가 의식 있는 생명이 되는 과정, 외계 생명의 존재 문제 등에 관한 내용을 수백 장의 사진과 일러스트를 곁들여 흥미롭게 설명한다. 현실화되는 우주 여행에 대한 상상력을 더욱 키우게 하며 난해한 개념을 명쾌하게 해설한다. 일론 머스크가

포기하지 않는 화성 여행과 연결해서 살펴보면 미래 우주 여행에 대한 통찰력을 얻을 수 있다.

84. 『총, 균, 쇠』: 대부분의 중·고등학생에게 이해하기 쉽지 않은 책이다. 하지만 이 책 전반에 녹아 있는 거시적인 질문과 전체를 바라보는 눈을 길러 주는 답변 등을 통해 역사서, 지리서, 경제학, 심지어 미래 문명에 대한 예언서의 측면까지 두루 아우르는 최고의 융합서이다. 인공지능 시대 경계의 파괴를 제대로 보여 주는 주옥 같은 책이다.

85. 『엘러건트 유니버스』: 물리학의 한 이론인 끈이론, 초끈이론을 중심으로 상대성 이론, 양자 역학, 그리고 우주론 등 물리학의 역사와 발전 등을 이해하기 쉽게 다루고 있다. 슈퍼 컴퓨터, 양자 컴퓨터 등의 출현과 연결하면 미래를 다른 시각에서 볼 수 있는 혜안이 길러질 것이다.

86. 『이기적 유전자』: 모든 생명체는 자기의 유전자를 후세에 남기려는 이기적인 존재라는 것을 증명해 나가는 매우 흥미로운 과학 도시다. 특히 인간 문화로까지 확장되는 '밈Meme 이론-모방'을 제시했는데 유튜브나 SNS을 통해서 이 밈 문화는 매우 확산되어 있다. 이 유전자를 남기려는 인류의 모습은 결국 휴머노이드(사람

+기계)의 탄생으로 이어질 가능성이 높다. 『사피엔스』, 『호모 데우스』, 『1984』, 『열하일기』 등과 연결해서 공통점을 찾아보면 지금까지 보이지 않았던 세상이 보일 것이다.

87. 『선택할 자유』: 평등을 얻으려는 정부 정책이 개인의 자유를 어떻게 침해하는지를 다루고 있다. 개인이 추구할 권리와 정부의 목적 사이에서 진정한 자유의 가치를 고민해 볼 수 있다. 인공지능 시대에 내가 선택할 수 있는 자유가 무엇인지 어떤 가치를 가져올지를 미리 고민해 볼 수 있는 지침서가 될 것이다.

88. 『혁신기업의 딜레마』: 기존의 성공적인 데이터를 기반으로 미래 변화에 대비해야 한다고 강조한다. 자신의 내면을 파악하고 분석해 기존의 장점을 살리는 전략을 알려 준다. 인공지능이라는 거대한 변화 속에 자신의 미래를 설계하는 데 도움이 된다.

89. 『우주에서 전합니다, 당신의 동료로부터』: 2005년 미국의 우주왕복선(스페이스 셔틀), 2009년 러시아의 소유즈, 그리고 2020년 민간기업 스페이스X의 크루 드래곤까지 탑승한 노구치 소이치의 생생한 우주 이야기를 담고 있다. 화성 여행이 현실화하면 우주에서 지구를 바라보고 유튜브 촬영, 우주에서 식물 재배 등도 체험할 수 있지 않을까? 화성을 거닐고 있는 미래의 '자아'를 자유롭게

상상해 보자!

90.『인류의 미래』: 저자는 인류의 멸망을 되돌릴 방법을 우주에서 개척해야 한다고 주장한다. 지구를 벗어나 다른 행성(특히 화성), 다른 은하계, 다른 우주에서 새로운 삶을 꾸려갈 시나리오들을 소개하고, 그 여정을 꿈꾸기를 강조한다. 그의 전작인『마음의 미래』를 같이 읽어 보면, 인공지능과 휴머노이드가 공존할 미래를 그려 볼 수 있다. 10대들의 사고 전환은 필연적이며, 기성세대가 경험하지 못한 세상이 다가오고 있음을 잘 보여 준다.

91.『과학에 더 가까이, 탐험』: 인간의 호기심과 탐험의 위대함을 극도로 느낄 수 있는 과학 도서로 인간이 가진 유일한 초능력이 바로 호기심이라는 것을 실감할 수 있는 인문학적 깨우침을 동반하는 매우 흥미로운 도서다. 인공지능 시대에 의문과 호기심, 질문 능력을 키워야 하는 이유를 다시금 되새길 수 있다.

92.『닥터스 씽킹』: 2007년에 출간된 책이지만, 인공지능 의사의 출현을 앞둔 지금, 의사의 오진과 그 역할에 대해 생각해 본다. 오진을 연구하는 전문가들은 최근 대부분의 의료 과실이 기술적 실수가 아니라 의사의 갇혀 있는 사고의 결함에서 비롯된다는 결론을 내렸다. 이러한 갇혀 있는 인간 의사들의 단점을 과연 인공지

능 의사는 넘어설 수 있을지에 대한 상상력 및 비판적 사고를 제공하고 있다.

93. 『이중나선』: 젊은 미국인 과학도가 영국 케임브리지에 유학하면서, 과학자들이 풀지 못한 숙제였던 DNA 구조의 모형을 만들고 설명해 내는 과정을 드라마틱하게 잘 그려 내고 있다. 특히 당시 프랜시스 크릭, 라이너스 폴링, 모리스 윌킨스, 로잘린드 프랭클린의 DNA 경쟁은 현재의 생성형 인공지능 전쟁사라고 볼 수 있는 챗GPT, 구글의 제미나이, 일론 머스크의 그록 등과의 경쟁과 연결해 생각하면 매우 흥미로운 미래의 결말을 상상할 수 있다.

94. 『십 대를 위한 영화 속 로봇 인문학 여행』: 영화 속에 등장하는 다양한 로봇에 대한 정보를 알려준다. 2020년 출간한 책으로 챗GPT 출현 이전 로봇의 미래를 바라본 작가의 시각을 2024년의 로봇의 현실과 비교해 보면 흥미롭다. 특히, '공각기동대'와 '오토마타' 그리고 유발하라리의 호모데우스(신인류)와 연결해 보면 인공지능과 로봇의 미래에 대한 혜안을 빌드업할 수 있다.

95. 『연금술사』: 평범한 청년 산티아고(『노인과 바다』의 산티아고 노인을 떠올리게 한다)가 여러 가지 고난과 죽음의 위협을 뛰어넘어 마침내 연금술사를 만나 자신의 보물을 찾는 과정을 그리고 있다. 이

는 내 안의 잠재력을 찾아가는 과정과 비슷하다.

96. 『뇌, 인간을 읽다』: 마음을 들여다보는 20가지 뇌과학 이야기인 이 책은 심리학, 고고학, 인류학, 생물학, 유전학, 언어학, 신경과학, 철학을 넘나들며 뇌와 마음의 수수께끼의 베일을 벗기는 데 초점을 맞추고 있다. 어쩌면 가장 인간 같은 로봇인 휴머노이드 로봇의 최종 관문인, 인간의 뇌과학에 대한 장벽을 청소년들이 이해하기 쉽게 이끌어 주는 지침서 역할을 한다.

97. 『수학의 매력』: 수학 팟캐스트를 운영하며 수학의 문화를 알리는 데 앞장서 온 저자는 수학이 복잡하고 어렵다는 일반적인 편견을 깨고 생생한 사례와 친절한 설명으로 수학이 얼마나 흥미롭고 재미있는 분야인지를 깨닫게 한다. 등장하는 역사 속 주인공들의 수학을 활용한 문제 해결법을 실용적으로 제시하는데, 데이터 시각화에 관심 있는 청소년들에게는 매우 의미 있는 도서가 될 것이다.

98. 『코로나 이후의 세계』: 미래학자로서 연구해 온 데이터를 바탕으로 앞으로 우리가 살아 보지 못한 낯선 풍경을 예측하고 준비 방향을 알려 주고 있다. 이 책은 저자의 데이터 기반 예측 미래학의 통찰력을 보여 주며, 위기를 기회로 바꾸는 '퀀텀점프'를 준비

하는 자세를 촉구한다는 점에서 청소년들에게 과학 기반 미래 준비서로 추천한다.

99.『공식의 아름다움』: 피타고라스 정리와 만유인력 법칙 등 교과과정에서 다루는 공식 23개를 삽화를 곁들여 그 역사를 파헤치는 독특한 책이다. 공식을 통해 세상을 들여다보는 눈을 키울 수 있다. 답을 찾기 위한 공식 풀이에서 역사와 배경 등 공식에 얽힌 다양한 이야기를 들려줘 수학에 흥미를 느끼는 계기가 될 것이다.

100.『재미로 읽다가 100점 맞는 색다른 물리학』: 평소 가질 수 있는 생활 속 의문들을 흥미로운 이야기를 통해 물리학의 기초 개념을 이해하게 한다. 이러한 물리학의 기초는 세상에 대한 이해를 넘어 나의 미래에 대한 이상을 우주로 이어지게 확대하는 데 도움이 될 것이다.

미래는 항상 예상을 뛰어넘는다

어느 아버지와 아들이 냉면을 앞에 두고 대화를 나누고 있다. 아버지는 냉면에 달걀이 하나 올려져 있는 것과 달걀이 올려져 있지 않은 그릇을 아들에게 보여주며 눈치 볼 필요 없이 둘 중에서 하나를 골라 먹으라고 했다. 아들은 머뭇거리다 달걀이 하나 올려져 있는 냉면을 먹겠다고 했다. 아버지는 그러라 하고 냉면을 같이 먹기 시작했는데 얼마 지나지 않아 아버지의 냉면 속에 달걀 두 개가 숨겨져 있는 것을 발견했다. 그걸 본 아들은 눈이 휘둥그레졌고 아버지는 아들에게 이렇게 말했다.

"이 세상은 겉으로 보이는 것이 다가 아니란다. 보이지 않는 가치를 볼 수 있는 능력을 키워야 한단다."

보이지 않는 가치를 볼 수 있는 능력

미래未來의 한자를 보면 아직 오지 않은 때를 말한다. '내일'이라고 말하기도 하는데 항상 기다리지만, 그날이 되면 또 다른 내일이, 미래가 기다리고 있다. 이렇듯 미래는 한 번도 우리에게 잡히지 않고 그저 올 것이라는 미지의 세계로만 남아 있다. 그래서 더 모호하고 보이지 않기에 두려움의 대상이 되기도 한다. 생각을 바꿔 보자. 두렵고 알 수 없는 미지의 날인 미래는 우리 모두에게 똑같이 주어진 시공간이다. 그날은 그 누구도 먼저 가 볼 수 없고 먼저 살아 볼 수도 없다.

그래서 미래는 공평하다. 나에게 온 미래가 나에게만 더 좋거나 나쁘거나 하지 않는다. 그것은 똑같이 누구에게나 적용되는 조건이다. 하지만 개인에 따라 두려움의 대상일 수도 있고 희망의 대상일 수도 있으며, 그것을 바라보는 개인에 따라 미래의 가치가 달라지기도 한다. 미래를 더 가치 있게 하는 건 이미 도래한 미래의 흔적을 인지하고 다가올 미래를 대비할 때이다. 그것은 공평한 기회임에도 불구하고 다른 결과를 가져다주기 때문이다.

미래를 위해 우리는 오늘도 열심히 공부한다. 그런데 열심히 공부해도 뜻대로 결과가 나오지 않아 기운이 빠질 때가 있다. 인생의 낙오자가 된 듯한 느낌. 그렇지만 절대 실망하지 마라. 그것이 무엇이든 현재 잘 못한다고 해서 미래까지 잘 못하리라는 법은 없다. 작은 걸림돌에 걸려 넘어졌을 뿐이다. 사람이 넘어지는 건 작은 돌부리지 태산이 아니다. 테슬라의 일론 머스크도 어린 시절 성적이 그리 좋지 않았고 산만했다. 비디오 게임광이었으며 방은 정리정돈 없이 항상 어수선했다. 심지어 아버지와 사이가 좋지 않았고 화목한 가정에서 자라지도 못했다. 하지만 그는 항상 미래 지향적이었고 탐구심이 깊었다. 전기 자동차 테슬라도 민간 우주 기업 스페이스X도 이동형 인공위성 통신 스타링크도 모두 세상을 뚫고 나갈 도전 정신에서 출발했다. 시련과 좌절은 있어도 실패를 긍정하지 않는 그는 어린 시절 불우한 환경에서 받은 고통이 자신을 성장시켰다고 말한다.

상황을 바꾸는 건 나에게 달려 있다. 학교에서는 대부분 성적으로 평가받지만 앞으로 인공지능이 일상화된 사회에 나가면 보이지 않는 가치를 찾아내는 무형의 소프트 스킬Soft Skills16)이 더 필요해진다.

우리가 살아가면서 꼭 지녀야 하는 마음은 첫 번째 나를 귀하게 여기는 것이고, 두 번째 남을 귀하게 여기는 것이다. 그래서 모두 소중히 대해야 한다. 나를 소중하게 여기는 만큼 남도 소중하다는 걸 깨닫는다. 아침에 학교 갈 때마다 나는 귀중한 사람이라고 외치

---

16)   **소프트 스킬**: 정량화할 수 없는 개인의 고유한 속성 및 성격 등을 의미한다. 창의성, 의사결정 능력, 비판적 사고, 리더십, 협업 능력 등이 이에 속한다.

고 학교에 가 보자. 잘생겨지고 예뻐진다. 부모님께 선생님께 친구들에게 내 인생에 귀중한 사람이 되어 줘서 고맙다고 해 보자. 그들은 내 인생의 귀중한 존재가 될 것이고 나도 덩달아 근사해진다.

　이런 작은 변화가 큰 미래를 열게 한다. 또 거기서 변화하는 세상을 맞을 준비도 시작된다. 인공지능은 이미 현재 주변 곳곳에 그 흔적을 남기고 있다. 챗GPT 등 생성형 인공지능의 출현은 배우와 작가의 일자리 대체와 맞물려 사상 초유의 미국 할리우드의 장기간 파업으로 이어지고, 작가가 사람인지 인공지능인지 알 수 없고, 가수가 사람인지 가상 인물인지 알 수 없는 시대, 그것이 현재 볼 수 있는 다가올 미래의 흔적이다. 국제원자력기구IAEA처럼 인공지능 규제에 한목소리를 내는 건 이런 세상이 생각보다 훨씬 더 빠르게 올지 모르기 때문이다.

　인간이 개발했지만, 인간이 알 수도 풀 수도 없는 알고리즘으로 능력의 한계를 가늠할 수 없는 슈퍼 인공지능이 탄생하고 있다. 더 많은 양질의 데이터와 다른 학습 방법을 통해 어떤 능력을 드러낼지 아무도 알 수 없다. 그것이 우리에게 편익을 줄 수도 있지만, 위

협이 될 수도 있다. 딥러닝의 아버지 제프리 힌턴은 인공지능이 잘
못된 방향으로 갈 것을 우려하여 딥러닝 개발을 후회했다. 이 두려
움을 편익과 효율성으로 전환하려면 인공지능을 접하는 우리의 의
식 전환이 필수다.

2023년 9월 29일 라스베이거스엔 우리의 상상을 뛰어넘는 초
대형 공연장 스피어Sphere가 새로 개장했다. 세계에서 가장 큰 구체
모양의 건축물로 기존의 기록인 스웨덴 스톡홀름의 아비치 아레나
Avicii Arena의 크기를 경신했다. 2만여 명을 수용하며 16만 개의 스

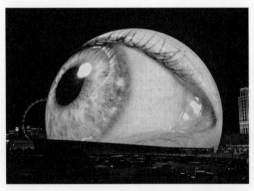

미국 라스베이거스 초대형 공연장 스피어 (Sphere)

피커, 건물 내벽 화면의 넓이가 1만 5천 제곱미터에 달하는 세계에서 가장 크고 가장 높은 해상도의 초대형 LED 스크린, 건물 외벽에는 하키 공 크기의 LED 약 120만 개를 설치해 구체 전체가 전광판 화면을 이룬다. U2가 스피어에서 개막 공연을 펼쳤다. 실제로 공연 하이라이트나 X에 올라온 공연 장면을 보면 완전히 몰입할 수 있도록 디지털과 물리적 공간의 경계를 모호하게 만든 것이 매우 인상적이다. 인간이 기술을 이용해 상상을 초월하는 건축물을 만들어냈다.

미래는 항상 나의 예상을 훨씬 뛰어넘는다는 것을 늘 생각해야 한다. 주변의 변화를 유심히 살펴보자. 우리는 무엇을 배우고 무엇을 생각하며 어떤 철학을 가지고 살아가야 할지 항상 깨어 있어야 한다. 그러기 위해서 중·고등학교 시절, 항상 미래 변화에 깨어 있어야 하며, 변화를 두려워하지 말고, 적극적으로 개척해 나가려는 도전 정신을 지니길 바란다.

우리가 맞이할 슈퍼 인공지능 사회는 아무도 가 보지 않은 미래다. 미리 가 볼 수 없는 그곳을 내가 조금 더 일찍 준비한다면 나에겐 또 다른 기회가 될 수 있다. 지나온 과거 내가 겪은 것들은 미래에 나를 세울 힘이 되고, 미래로 나아갈 나를 상상하며 오늘을 준비하는 것은 오늘의 힘듦을 행복하게 만들어 줄 버팀목이 된다는 것을 기억하라. 용기를 내어 당당하게 미래의 변화를 맞이하길 응원한다.

참고 문헌

단행본 및 논문 등

- Turing, A. M. (1950). Computing machinery and intelligence. Mind, 59, 433-460
  https://doi.org/10.1093/mind/LIX.236.433
- 새라 케슬러(Sarha Kessler), 『직장이 없는 시대가 온다』 더퀘스트, 2019
- 박상길, 『비전공자도 이해할 수 있는 AI 지식』 반니, 2023
- 김명락, 『청소년을 위한 이것이 인공지능이다』 슬로디미디어, 2022
- 한지우, 『AI는 인문학을 먹고 산다』 미디어숲, 2021
- 전상훈, 최서연, 『챗GPT, 질문이 돈이 되는 세상』 미디어숲, 2023
- 심태은, 「대학생이 인식하는 진로 장벽에 관한 주관성 연구」 2021
  https://doi.org/10.5762/KAIS.2021.22.11.345 ISSN 1975-4701 / eISSN 2288-4688
- 전상훈, 「OTT 기반의 1인 미디어 크리에이터를 위한 스토리 제안 시스템 실증연구-Youtube를 중심으로」 2021
- 전상훈, 「인공지능 맞춤 추천 서비스 기반 온라인 동영상(OTT) 콘텐츠 제작 기술 비교」 2021
- 최서연, 「블록체인 기반의 데이터 소유권 추적모델에 관한 연구: 데이터 가치 중심으로」 2021
- Digital Insight 2023, 한국지능정보사회진흥원, 공간 컴퓨팅(Spatial Computing)이 가져올 세상 변화. 2023/11/23
- 2022년 교육부와 한국직업능력개발원 '2022 초·중등 진로 교육 현황조사', 통계청, www.kosis.kr
- BOK 이슈노트, AI와 노동시장 변화/ 한국은행, 2023/11/16
- The list of skills leaders believe will be essential for employees in an AI-powered future. / Image Credit: "Work Trend Index 2023", Microsoft.
- <The Future of Jobs Report 2023> https://www.weforum.org/publications/the-

future-of-jobs-report-2023/ 2023/04/30

- 21st-Century Readers, Developing Literacy Skills in a Digital World https://www.oecd.org/publications/21st-century-readers-a83d84cb-en.htm, 2021/05/04

블로그 및 동영상, 사이트 등

- 오픈AI, https://openai.com/gpt
- WEF, Davos 2024: 4 things to know. https://www.weforum.org/agenda/2024/01/davos-2024-highlights-ai-growth-climate-security/ https://openai.com/gpt-4
- McKinsey & Company, The state of AI in 2023: Generative AI's breakout year 2023/08

  www.mckinsey.com/capabilities/quantumblack/our-insights/the-state-of-ai-in-2023-generative-ais-breakout-year
- Sphere at Venetian Resort Debuts "Exosphere" in Spectacular Style https://www.casino.org/vitalvegas/sphere-debuts-exosphere-in-spectacular-style/
- 카이스트 신문,《퍼셉트론부터 CNN까지, 딥러닝의 역사》, http://times.kaist.ac.kr/news/articleView.html?idxno=4675
- 애플 비전프로 (Vision Pro), https://www.apple.com/kr/newsroom/2023/06/introducing-apple-vision-pro/
- [내 손안에 서울 기획] ⑤ 새벽 3시, 불 켜진 버스정류장https://mediahub.seoul.go.kr/archives/682000
- [왜 우리 아이는 성적이 오르지 않을까?] 빅픽처 바인딩 창의성 훈련 (BBT)으로 도전하세요. https://blog.naver.com/begtalent/221053026691
- 잡코리아, 직장인 78.0% '대학 전공 다시 선택할래!'. https://www.jobkorea.co.kr/goodjob/tip/view?schCtgr=0&News_No=21827&News_No=21827
- 잡코리아, 직장인 41.8% "내 전공 불만족"https://www.jobkorea.co.kr/goodjob/tip/View?News_No=13938&schCtgr=120003&Page=6)
- 아모레퍼시픽, 5년 연속 CES 혁신상 수상 https://www.apgroup.com/int/ko/

news/2023-11-16-1.html

- AI Safety Summit 2023 Programme, https://www.gov.uk/government/topical-events/ai-safety-summit-2023

- 조선일보, "수술로는 한계" 병원 박차고 나와… 암 치료제 개발, 세계 1위 부자 의사로 https://www.chosun.com/economy/tech_it/2023/09/05/543GYFKR6RHKZMDIXKKD566U5Q/

- [미래를 바꾸는 빅테크 4편] AI(인공지능)와 데이터 개인화에 최적화된 인터넷 세상, 웹 3.0이 온다 (4/5) https://news.skhynix.co.kr/post/big-tech-4-web3

- Tech21century, The Human Brain is Loaded Daily with 34 GB of Information, https://www.tech21century.com/the-human-brain-is-loaded-daily-with-34-gb-of-information/

- 세계일보, 돌발상황 대응 못하는 AI 예보관… 인간과 '상호보완' 필요 [연중기획-지구의 미래] https://m.segye.com/view/20210331516159

- 미쉐린 가이드, 여성의 날을 맞아 만난 8명의 여성 소믈리에 https://guide.michelin.com/kr/ko/article/features/meet-korean-female-sommeliers

- 세계 최초 '심야 자율주행버스' 무료로 달린다…운행시간·노선은? https://mediahub.seoul.go.kr/archives/2009697

- UkraineWorld, Reports about Israeli PM advising Zelensky to surrender are fake https://twitter.com/ukraine_world/status/1502590823950696454

- 나무위키: 공부 https://namu.wiki/w/%EA%B3%B5%EB%B6%80

- MS '백과사전' 덮는다 https://www.etnews.com/200903310092

- 한국 교육신문, '금일, 심심한 사과'가 부른 문해력 논란 https://www.hangyo.com/news/article.html?no=97492

- 중앙일보, 화폐 돋보기 ⑧ 500원 지폐 거북선 https://www.joongang.co.kr/article/3602329#home

- 위키백과, 디지털리터러시 https://ko.wikipedia.org/wiki/디지털리터러시

- 생성한 그림: 챗GPT 4 달리 3